essentials

essentials liefern aktuelles Wissen in konzentrierter Form. Die Essenz dessen, worauf es als „State-of-the-Art" in der gegenwärtigen Fachdiskussion oder in der Praxis ankommt. *essentials* informieren schnell, unkompliziert und verständlich

- als Einführung in ein aktuelles Thema aus Ihrem Fachgebiet
- als Einstieg in ein für Sie noch unbekanntes Themenfeld
- als Einblick, um zum Thema mitreden zu können

Die Bücher in elektronischer und gedruckter Form bringen das Expertenwissen von Springer-Fachautoren kompakt zur Darstellung. Sie sind besonders für die Nutzung als eBook auf Tablet-PCs, eBook-Readern und Smartphones geeignet. *essentials:* Wissensbausteine aus den Wirtschafts-, Sozial- und Geisteswissenschaften, aus Technik und Naturwissenschaften sowie aus Medizin, Psychologie und Gesundheitsberufen. Von renommierten Autoren aller Springer-Verlagsmarken.

Weitere Bände in der Reihe http://www.springer.com/series/13088

Friedhelm Meier · Anke Harney
Kerstin Rhiem · Anja Neumann
Silke Neusser · Matthias Braun
Jürgen Wasem · Rita Schmutzler
Stefan Huster · Peter Dabrock

Risikoadaptierte Prävention

Governance Perspective für Leistungsansprüche bei genetischen (Brustkrebs-)Risiken

OPEN

Autoren

siehe nächste Seite

Die vorliegende Governance Perspective ist im Rahmen des Projektes SYSKON. Re-Konfiguration von Gesundheit und Krankheit. Ethische, psychosoziale, rechtliche und gesundheitsökonomische Herausforderungen der Systemmedizin (FKZ 01GP1407) entstanden. Die Autorinnen und Autoren bedanken sich ausdrücklich für die großzügige Förderung durch das Bundesministerium für Bildung und Forschung.

ISSN 2197-6708 ISSN 2197-6716 (electronic)
essentials
ISBN 978-3-658-20800-4 ISBN 978-3-658-20801-1 (eBook)
https://doi.org/10.1007/978-3-658-20801-1

Die Deutsche Nationalbibliothek verzeichnet diese Publikation in der Deutschen Nationalbibliografie; detaillierte bibliografische Daten sind im Internet über http://dnb.d-nb.de abrufbar.

Springer VS

Gedruckt auf säurefreiem und chlorfrei gebleichtem Papier

Springer VS ist ein Imprint der eingetragenen Gesellschaft Springer Fachmedien Wiesbaden GmbH und ist ein Teil von Springer Nature
Die Anschrift der Gesellschaft ist: Abraham-Lincoln-Str. 46, 65189 Wiesbaden, Germany

Autoren

Friedhelm Meier
Mackenbach, Deutschland

Anke Harney
Bochum, Deutschland

Kerstin Rhiem
Köln, Deutschland

Anja Neumann
Essen, Deutschland

Silke Neusser
Essen, Deutschland

Matthias Braun
Erlangen, Deutschland

Jürgen Wasem
Essen, Deutschland

Rita Schmutzler
Köln, Deutschland

Stefan Huster
Bochum, Deutschland

Peter Dabrock
Erlangen, Deutschland

Was Sie in diesem *essential* finden können

- Eine Erörterung, warum eine sozialrechtliche Berücksichtigung von Personen mit hochgradigen und stark erhöhten (Brustkrebs-)Risiken sinnvoll ist.
- Die Entwicklung der ‚risikoadaptierten Prävention‘ als neue sozialrechtliche Kategorie, welche Leistungsansprüche von Personen mit hohen und moderaten Risiken sozialrechtlich abzubilden vermag.
- Gesundheitspolitische Empfehlungen, welche den Weg zur ‚risikoadaptierten Prävention‘ konturieren.

Inhaltsverzeichnis

Über die Autoren

Friedhelm Meier war wissenschaftlicher Mitarbeiter am Lehrstuhl für Systematische Theologie II (Ethik) an der Friedrich-Alexander-Universität Erlangen-Nürnberg und arbeitet heute als Vikar in Mackenbach.

Anke Harney ist wissenschaftliche Mitarbeiterin am Institut für Sozial- und Gesundheitsrecht der Ruhr-Universität Bochum.

Kerstin Rhiem ist leitende Oberärztin am Zentrum für familiären Brust- und Eierstockkrebs der Universitätsklinik zu Köln.

Anja Neumann ist Akademische Oberrätin am Lehrstuhl für Medizinmanagement der Universität Duisburg-Essen.

Silke Neusser ist wissenschaftliche Mitarbeiterin am Lehrstuhl für Medizinmanagement der Universität Duisburg-Essen.

Matthias Braun ist Akademischer Rat am Lehrstuhl für Systematische Theologie II (Ethik) an der Friedrich-Alexander-Universität Erlangen-Nürnberg.

Jürgen Wasem ist Inhaber Lehrstuhls für Medizinmanagement der Universität Duisburg-Essen.

Rita Schmutzler ist Direktorin des Zentrums für familiären Brust- und Eierstockkrebs der Universitätsklinik zu Köln und Koordinatorin des Deutschen Konsortiums Familiärer Brust- und Eierstockkrebs.

Stefan Huster ist Direktor des Instituts für Sozial- und Gesundheitsrecht der Ruhr-Universität Bochum.

Peter Dabrock ist Inhaber des Lehrstuhls für Systematische Theologie II (Ethik) an der Friedrich-Alexander-Universität Erlangen-Nürnberg und Vorsitzender des Deutschen Ethikrates.

1 Einleitung

Die vorliegende Governance Perspective empfiehlt, Personen mit hohen und moderaten Risiken einen geregelten Leistungsanspruch auf prophylaktische Maßnahmen zu ermöglichen.

Durch die Verquickung von bioinformatischer und biostatistischer Innovationen (Big Data) in der Medizin können Erkrankungsrisiken aufgrund der Identifikation von pathogenen Mutationen sowie nicht-genetischen Faktoren und deren Interaktionen untereinander Erkrankungsrisiken zunehmend präzise bestimmt werden. Das eröffnet die Chance, im Fall von komplexen Erkrankungen therapeutische und prophylaktische Maßnahmen auf das individuelle Risikoprofil anzupassen. Dadurch können Krankheiten nicht nur adäquat(er) behandelt, sondern im besten Fall gar verhindert werden. Doch der sozialrechtliche Leistungsanspruch auf prophylaktische Maßnahmen ist im deutschen Sozialrecht nicht adäquat abgebildet. Die Steuerungsfunktion des Krankheitsbegriffs stellt hier eine Hürde dar, die nicht mithilfe anderer, im Sozialrecht bereits verankerter Rechtskategorien zu überwinden ist. Zudem ist die Frage sozialrechtlicher Leistungsansprüche auf prophylaktische Maßnahmen mehrdimensionaler Art. Denn neben der Bewertung klinischer Handlungsoptionen (genetische Diagnostik, Chemoprävention, prophylaktischen Operationen) und dem sozialrechtlichen Regelungsbedarf stellt sich die Frage nach den budgetären Belastungen der Krankenkassen sowie – vor dem Hintergrund der Sozialethik – dem Verhältnis dieser Dimensionen zueinander. Um der komplexen Sachlage gerecht zu werden, zeigt diese Governance Perspective in einem ersten Teil (Kap. 2) am konkreten Fall des hereditären Brustkrebses, warum aus medizinischer, sozialrechtlicher, gesundheitsökonomischer und sozialethischer Perspektive ein geregelter sozialrechtlicher Leistungsanspruch für Personen mit hohen und moderaten Brustkrebsrisiken geboten ist. In einem zweiten Teil (Kap. 3) wird argumentiert, dass die sozialrechtlichen Kategorien

F. Meier et al., *Risikoadaptierte Prävention*, essentials,
https://doi.org/10.1007/978-3-658-20801-1_1

der primären Prävention (§ 20 SGB V), der Vorsorge (§ 23 SGB V) sowie der Krankenbehandlung (§ 27 SGB) einen solchen Leistungsanspruch nicht abbilden können, ohne selbst dabei den Verlust ihrer eigentlich intendierten sozialrechtlichen Steuerungsfunktion zu verlieren und/oder Rechtsunsicherheit hervorzurufen. Darum entwickelt diese Governance Perspective auf Grundlage des heuristischen ‚healthy sick'-Modells mit der ‚risikoadaptierten Prävention' eine neue Rechtskategorie, die als gesetzlicher Rahmen für die auf untergesetzlicher Ebene zu bildenden Fallgruppenkonstellationen fungieren könnte. Davon ausgehend werden Kriterien erarbeitet, welche eine Orientierung für die zu berücksichtigenden Risikokollektive (Kap. 4) sowie für die Allokationskriterien (Kap. 5) bieten. Die abschließenden Empfehlungen (Kap. 6) enthalten die Destillate dieser Governance Perspective in komprimierter Weise.

Als methodischer Rahmen dieser Empfehlung dient die Differenzierung der vier Ebenen eines klassischen Governance-Konzeptes (Hard Law, Soft Law, Education, Infrastructure). Hierbei ist aber zu beachten, dass Normen im deutschen Sozialrecht sowohl durch das Parlament als auch durch den Gemeinsamen Bundesausschuss gesetzt werden können. Insofern wird hier nicht zwischen Hard Law und Soft Law, sondern zwischen gesetzlicher und untergesetzlicher Ebene unterschieden. Zudem wird der Begriff Education im Sinne des Capability Approachs verstanden, weshalb folgende vier Ebenen betrachtet werden: a) gesetzliche Ebene, b) untergesetzliche Ebene, c) Befähigung zu selbstbestimmten Entscheidungen und d) infrastrukturelle Lösungen.

Ist die ausdrückliche Regelung sozialrechtlicher Leistungsansprüche für Personen mit hohen und moderaten Risiken geboten?

2

2.1 Aus medizinischer Perspektive

2.1.1 Krankheit als ein mehrdimensionaler Begriff

Unter dem Begriff der Krankheit können Phänomene ganz heterogener Natur zusammengefasst werden. So wird zwischen Infektionskrankheiten, degenerativen Krankheiten, systemischen Krankheiten etc. unterschieden. Quer zur pathologischen Typisierung von Krankheitsformen stehen unterschiedliche Beschreibungsdimensionen von Krankheit, welche folgendermaßen präzise differenziert werden können:

1. ‚Disease': Krankheit als biomedizinische Zuschreibung.
2. ‚Illness': Krankheit als Erfahrung des Krankseins im Sinne einer Selbstzuschreibung.
3. ‚Sickness': Sozialrechtliche Zuschreibung von Krankheit, welche einen sozialrechtlichen Anspruch der Betroffenen impliziert.

Diese Dimensionen sind keineswegs immer kongruent zueinander. So kann sich eine Patientin[1] trotz Tumordiagnose (‚disease') als ‚healthy' fühlen oder eine Person kann sich als ‚ill' erfahren, ohne dass dabei schon eine ‚disease' diagnostiziert wäre. Während im ersten Fall die Person einen sozialrechtlichen

[1]Auf eine geschlechterspezifische Differenzierung wird zugunsten einer besseren Lesbarkeit verzichtet. Entsprechende Begriffe gelten im Sinne der Gleichbehandlung für alle Geschlechter.

F. Meier et al., *Risikoadaptierte Prävention,* essentials,
https://doi.org/10.1007/978-3-658-20801-1_2

Leistungsanspruch auf eine adäquate Tumortherapie (‚sickness') hat, sodass Krankenkassen die Kosten für die Therapie tragen, weshalb von ‚Patient' gesprochen werden kann, gilt eine sich nur ‚ill' fühlende Person – wie im letzten Fall – nicht als sozialrechtlich krank, weshalb kein Leistungsanspruch auf medizinische Maßnahmen und Kostenübernahme durch Krankenkassen besteht.

Ausschlaggebend für einen sozialrechtlichen Leistungsanspruch ist somit die Diagnose einer Krankheit. Sozialrechtlich wird hier ein bestimmtes Verständnis von ‚disease' vorausgesetzt. Da das deutsche Sozialrecht ‚disease' nicht eigens definiert und diese Definition zudem dem rasanten medizinischen Fortschritt kaum gerecht werden könnte, orientiert sich die deutsche Sozialrechtsprechung an einer Arbeitsdefinition, wonach eine ‚disease' prinzipiell dann vorliegt, wenn a) ein regelwidriger Körper- oder Geisteszustand gegeben ist, der b) die Körper- oder Geistesfunktion beeinträchtigt und c) Behandlungsbedarf oder Arbeitsunfähigkeit hervorruft [1].

2.1.2 Die Entwicklung in der Medizin hin zur Systemmedizin

Die Kopplung des geregelten ‚sickness'-Status, der den Anspruch auf medizinische Maßnahmen impliziert, an die Diagnose einer manifesten ‚disease' droht vor dem Hintergrund der medizinischen Entwicklung hinsichtlich der ‚risks of diseases' zunehmend prekär zu werden. Die medizinische Forschung hat nämlich spätestens seit der Entschlüsselung des menschlichen Genoms 2001 gezeigt, dass sie einerseits im Falle bestimmter biomedizinischer Zuschreibungen das Erkrankungsrisiko (‚risk of disease') mittels gendiagnostischer Verfahren in einem zunehmenden Maße präzise bestimmen kann und andererseits prophylaktische Maßnahmen zur Verfügung stehen, welche hohe Risiken bspw. bei hereditären Krebserkrankungen minimieren können.[2]

Damit scheint einerseits aufseiten der Forschung ein Paradigmenwechsel stattzufinden, da eine stark präventiv orientierte Medizin der klassisch kurativen Medizin beigeordnet wird. Dies wird besonders anhand der Systemmedizin deutlich, welche den derzeitigen Kumulationspunkt der medizinischen Entwicklung

[2]Da hier die Frage der sozialrechtlichen Berücksichtigung von Personen mit hohen und moderaten (Brustkrebs-)Risiken diskutiert wird, wird hier von nicht-genetischen Risiken bzw. Risikofaktoren nur dann gesprochen, wenn diese auf das genetische Risiko bezogen bleiben.

darstellt [2]: Diese Spielart der Medizin untersucht mithilfe bioinformatischer sowie biostatistischer Methoden Anamnese-, Umwelt- sowie Lifestyle-Daten auf Muster hin, welche für ein algorithmisch bestimmtes ‚risks of disease' stehen. Aufgrund der umfassenden Datenmenge (‚Big Data'), wird die Risikoprofilierung präziser, weshalb kleine Patientenstrata identifiziert werden können, sodass einerseits eine ‚disease' möglichst präzise therapiert werden kann [3]. Andererseits können mittels der genetischen Diagnostik Träger von pathogenen Mutationen noch vor Ausbruch der ‚disease' identifiziert werden. Damit ergibt sich die vielversprechende Möglichkeit, Personen mit hohen und moderaten ‚risks of disease' korrespondierende prophylaktische Maßnahmen anzubieten, um die Manifestation der ‚disease' hinauszuzögern oder gar zu verhindern.

Gemäß der sozialrechtlichen Steuerungsfunktion des ‚disease'-Begriffs liegt bei pathogenen Mutationen jedoch nicht ohne Weiteres eine ‚disease' vor. Der klassische Krankheitsbegriff stößt bei bloßen Erkrankungsrisiken, bei denen sich also eine Erkrankung noch nicht manifestiert hat, an seine Grenzen. Konsequenterweise stehen Träger von pathogenen Mutationen keine gesicherten Leistungsansprüche zu (sie werden sozialrechtlich nicht als ‚sick' anerkannt). Vor dem Hintergrund der skizzierten Entwicklungen in der Medizin und der sozialrechtlichen Steuerungsfunktion des ‚disease'-Begriffs, ergeben sich die Fragen,

1. ob eine allgemeine Regelung für Personen mit hohen und moderaten Risiken prinzipiell angemessen ist;
2. wenn ja, inwiefern eine solche sozialrechtliche Berücksichtigung dieser Risikokollektive adäquat erfolgen kann (Kap. 3).

Dies beinhaltet wiederum die Fragen,

3. welche Fallgruppen innerhalb von Risikokollektiven eine sozialrechtliche Berücksichtigung finden sollen (Kap. 4);
4. und welche prophylaktischen Maßnahmen welchen Risiken zuzuordnen sind (Kap. 5).

2.1.3 Konkretion: Der Fall des hereditären Brustkrebses

Zur Erörterung dieser Fragen bietet sich als konkretes Beispiel der Fall des hereditären Brustkrebses an. In diesem Fall ist nämlich eine Vielzahl an niedrigpenetranten, moderat-penetranten sowie hochpenetranten pathogenen Mutationen erforscht, die Risikokommunikation aufgrund langjähriger Erfahrung profiliert und es stehen in ihrer Eingriffstiefe verschiedene prophylaktische Maßnahmen zur Verfügung.

(a) Pathogene Mutationen

In Deutschland gibt es jährlich ca. 70.000 Brustkrebsneuerkrankungen, wobei das durchschnittliche Lebenszeitrisiko für Brustkrebs in der weiblichen Bevölkerung bei ca. zehn Prozent liegt [4]. Ca. 30 % aller Brustkrebserkrankungen treten jedoch im Zusammenhang einer familiären Häufung auf. Für diese in Deutschland ca. 19.000 Fälle kommen verschiedene pathogene Mutationen infrage. In Abhängigkeit von der Art der Mutation, besteht bei den Trägerinnen ein unterschiedliches Lebenszeitrisiko, an Brustkrebs zu erkranken.[3] Da das Lebenszeitrisiko aufgrund der unterschiedlichen pathogenen Mutationen stark divergieren kann, hat sich in Forschung und Klinik eine Kategorisierung anhand von drei Gruppen durchgesetzt. So werden alle pathogenen Mutationen, die ein Lebenszeitrisiko von über 40 % (odds ratio/OR > 5.0) haben, wie bspw. *BRCA1/2* oder *TP53,* der Gruppe der hochpenetranten pathogenen Mutationen zugeordnet. Risikogene mit einem rechnerischen Lebenszeitrisiko von 21 bis 40 % (OR 1.5–5.0), wie bspw. *CHEK2* oder *ATM,* sind in der Gruppe der moderat penetranten Risikogene zusammengefasst. Schließlich werden Risikogene mit einem Lebenszeitrisiko von 11 bis 20 % (OR < 1.5), bspw. *TOX3* oder *FGFR2,* als niedrig penetrant eingestuft.

Auf die Hochrisikogene *BRCA1* und *BRCA2,* die besonders durch den Fall Angelina Jolie und den dadurch ausgelösten „Jolie-Effekt" bekannt wurden [5], gehen nur ca. 25 % aller familiären Brustkrebserkrankungen zurück [6]. Derzeit darf erwartet werden, dass weitere Risikogene durch Forschungsarbeiten identifiziert werden und die Interaktion zwischen einzelnen Risikogenen noch klarer in Bezug auf die familiäre Krebshäufung konturiert wird, als dies bisher der Fall war [7–10].

Vor dem Hintergrund des medizinischen Forschungsstandes, wonach die Risikokalkulation aufgrund der Berücksichtigung möglichst vieler korrelierender Risikofaktoren in zunehmendem Maße präziser wird, ist eine Kategorisierung von hochpenetranten, moderat penetranten und niedrig penetranten Risikogenen unpräzise [11]. Dies wird im klinischen Setting besonders in den Fällen deutlich, wo eine hohe Zahl von familiären Brustkrebsfällen bekannt ist, obwohl „nur" ein moderates Risikogen vorliegt. Hier zeigt sich, dass das Risiko nicht allein von der

[3]Die Autoren sind sich bewusst, dass auch Männer Träger von Risikomutationen sein und diese vererben können. Da diese Gruppe aber im Vergleich zu den betroffenen Frauen gering ist, wird im Folgenden nur von Trägerinnen gesprochen.

pathogenen Mutation abhängt. Um diesem Sachverhalt gerecht zu werden, kann die Frage, ob Leistungsansprüche für Personen mit genetischen Brustkrebsrisiken geboten sind, nicht einfach auf die Gruppe der Trägerinnen von hohen Risikogenen eingeengt werden. Darum wird im Folgenden die zwar sperrige, in der Sache aber zutreffende Formulierung ‚Personen mit hohen und moderaten (Brustkrebs-) Risiken' verwendet.

(b) Risk of disease – ein multifaktorielles Konstrukt

Die potenziell krankheitsauslösende Mutation kann als basale Größe der Risikoeinschätzung verstanden werden. Jedoch wäre der Begriff des Risikos zu eng gefasst, würde er allein auf genetische Faktoren reduziert. Vielmehr muss Risiko als multifaktorielles Konstrukt beschrieben werden, das sich aus heterogenen Faktoren zusammensetzt. So beeinflussen bspw. reproduktive/hormonelle Faktoren, körperliche Aktivität, Körpergewicht oder Alkoholkonsum die Höhe des Brustkrebsrisikos [12]. Insgesamt können drei Bereiche von Risikofaktoren unterschieden werden:

1. Medizinische Daten wie persönliche oder familiäre Krebsanamnese, Lebensalter, BMI (body mass index), genetische Dispositionen etc.
2. Verhaltens- und sozial definierte Risikofaktoren wie bspw. physische Aktivität, Essverhalten, Alkoholkonsum, Rauchen, Stress, soziale Netzwerke, geringe Schwangerschafts- und Geburtenzahlen etc.
3. Umweltfaktoren wie Belastung durch Schadstoffe bspw. im Verkehr oder am Arbeitsplatz etc.

Die Interaktion von einzelnen Faktoren, wie bspw. dem Rauchen, auf das jeweilige ‚risk of disease' wird statistisch durch Korrelationen identifiziert [13]; eine Identifizierung des Anteils von Risikofaktoren im Einzelfall ist damit nicht gegeben.

(c) Identifizierung von Personen mit hohen und moderaten Risiken: Familienanamnese und genetische Testung.

Zur Identifizierung von Personen mit hohen oder moderaten Brustkrebsrisiken wird zunächst eine Familienanamnese anhand folgender Einschlusskriterien durchgeführt:

- drei an Brustkrebs erkrankte Frauen unabhängig vom Ersterkrankungsalter,
- zwei an Brustkrebs erkrankte Frauen, davon eine mit einem Ersterkrankungsalter vor dem 51. Lebensjahr,
- eine an Brustkrebs erkrankte Frau und eine an Eierstockkrebs erkrankte Frau,
- zwei an Eierstockkrebs erkrankte Frauen,

- eine an Brustkrebs oder eine an Eierstockkrebs erkrankte Frau und je einen an Brustkrebs erkrankten Mann,
- eine an Brustkrebs erkrankte Frau vor dem 36. Lebensjahr,
- eine an bilateralem Brustkrebs erkrankte Frau, deren Ersterkrankung vor dem 51. Lebensjahr diagnostiziert wurde,
- eine an Brust- und Eierstockkrebs erkrankte Frau,
- eine an triple-negativem Mammakarzinom vor dem 50. Lebensjahr erkrankte Frau [14],
- eine an einem Eierstockkrebs vor dem 80. Lebensjahr erkrankten Frau [15].

In der weltweit größten Untersuchung dieser Art ergaben diese Einschlusskriterien des Deutschen Konsortiums Familiärer Brust- und Eierstockkrebs, dass bei Vorliegen eines Einschlusskriteriums eine mindestens 10 %-ige Mutationsnachweisrate gegeben ist; der Nachweis einer *BRCA1/2*-Mutationsnachweisrate liegt durchschnittlich sogar bei 24 % [6, 16]. Diese Einschlusskriterien haben daher Eingang in die nationalen Empfehlungen sowie die Erhebungsbögen zur Zertifizierung von Brustkrebs- und Gynäkologischen Krebszentren gefunden [17]. Sofern die Einschlusskriterien erfüllt werden, wird den Betroffenen eine prädiktive genetische Untersuchung gemäß § 3 VIII GenDG angeboten.

(d) Beratungssituation: Divergenzen in der Risikoeinschätzung zwischen Ärzten und Patienten

Die Bewertung des ‚risk of disease' kann vor dem Hintergrund der beschriebenen drei Dimensionen von Krankheit in der Selbstzuschreibung (assoziiert mit ‚illness') und der Zuschreibung durch das ärztliche Personal (assoziiert mit ‚disease') divergieren. Studien zur Risikokommunikation und Risikoperzeption, die aus dem Deutschen Konsortium Familiärer Brust- und Eierstockkrebs heraus initiiert wurden, haben gezeigt, dass sich *BRCA1/2*-Mutationsträgerinnen,

1. die ihr individuelles ‚risk of disease' überschätzen (80 % der Betroffenen),
2. die pathologische Angstwerte aufweisen,
3. die ein höheres Maß an Reizbarkeit, Beanspruchung, körperlichen Beschwerden und Emotionalität aufweisen und jüngeren Alters sind,

mehrheitlich für eine prophylaktische Mastektomie entscheiden [18]. Korreliert aber die Risikoüberschätzung mit einer invasiven und irreversiblen Maßnahme, so sind Ärzte in der Risikokommunikation besonders herausgefordert. Insofern ist die enge Verknüpfung von medizinischer Forschung mit der Translation dieser aktuellen Daten in der klinischen Beratungssituation konsequent, wie sie v. a. an den 17 bundesweiten universitären Zentren des Deutschen Konsortiums Familiärer Brust- und

Eierstockkrebs stattfindet. Dadurch wird die Risikokompetenz (genetic/risk literacy) sowie die Kommunikationsmethodik von Ärzten systematisiert und am aktuellen Forschungsstand ausgerichtet.

(e) (Prophylaktische) Maßnahmen

Im Falle eines hohen Brustkrebsrisikos stehen verschiedene Handlungsoptionen zur Verfügung:

1. Im Sinne einer Krebsfrüherkennungsuntersuchung können Trägerinnen von Hochrisiko- und moderaten Risikogenen ein risikoadaptiertes Untersuchungsprogramm für Brust- und Eierstockkrebs in den Zentren des Deutschen Konsortiums in Anspruch nehmen [19]. Frauen mit einer familiären Belastung, bei denen bislang keine Mutation nachgewiesen werden konnte, weil das wohl vorliegende Risikogen noch nicht bekannt ist, erhalten bei einem entsprechend hohen kalkulierten Erkrankungsrisiko (Risikokalkulationsprogramm Boadicea) ebenfalls das Angebot zur Teilnahme an den risikoangepassten Früherkennungsuntersuchungen. Derzeit sind in den Zentren des Deutschen Konsortiums fünf verschiedene Untersuchungsalgorithmen etabliert, die bzgl. des Alters bei Untersuchungsbeginn, Untersuchungsintervallen und -methoden dem Erkrankungsrisiko angepasst sind. Beispielhaft umfasst es für gesunde *BRCA1/2*-Mutationsträgerinnen im Alter ab 25 Jahren halbjährlich eine Ultraschalluntersuchung, jährlich ein MRT und ab dem 40. Lebensjahr alle ein bis zwei Jahre eine Mammografie. Trägerinnen von Mutationen in moderaten Risikogenen (z. B. *CHEK2*) erhalten jährliche Untersuchungen inklusive Mammografie (ab 40. Lebensjahr), MRT und Sonografie bis zum 70. Lebensjahr, während Frauen mit einem erhöhten kalkulierten Risiko aber ohne bisherigen Mutationsnachweis bis zum 50. Lebensjahr an der intensivierten Früherkennung teilnehmen können.

Neben der intensivierten Früherkennung gibt es auch operative prophylaktische Maßnahmen. Hierbei stehen den Frauen mit Mutationen in den Hochrisikogenen *BRCA1* und *BRCA2* grundsätzlich zwei Möglichkeiten offen:

2. Die prophylaktische Mastektomie stellt die wirksamste Maßnahme zur Risikoreduktion für hereditären Brustkrebs dar. Im Falle einer bilateralen prophylaktischen Mastektomie bei gesunden *BRCA1/2*-Mutationsträgerinnen wird das Brustkrebsrisiko je nach operativem Vorgehen auf ca. zwei Prozent reduziert [20]. Betroffene zeigen retrospektiven Analysen folgend zwar aufgrund der Risikokreduktion eine hohe Zufriedenheit mit der Entscheidung zur prophylaktischen Mastektomie auf (ca. 85 %) [21, 22]; 16 bis 37 % der Frauen geben aber an, operative Komplikationen erlitten [23] und zusätzliche chirurgische

Eingriffe benötigt zu haben [21, 24]. Neben den Folgeeingriffen werden negative Einflüsse auf das eigene Körperbild sowie das Sexualleben von 23 % der Betroffenen empfunden, weshalb in der Folge elf Prozent der Betroffenen ihr Bedauern bzgl. Entscheidung äußern [23]. (Mit elf Prozent unzufriedener Betroffener ist nach einer prophylaktischen Mastektomie angezeigt, dass die Optimierung der Beratungssituation weiter voranschreiten muss, auch wenn eine gänzliche Verhinderung von unzufriedenen Betroffenen wohl kaum möglich sein wird.)

3. Frauen können auch eine prophylaktische Salpingo-Oophorektomie vornehmen lassen. Die Entnahme der Eierstöcke und Eileiter reduziert zum einen das Brustkrebsrisiko, wird jedoch aufgrund der ab dem 40. Lebensjahr ansteigenden Eierstockkrebsinzidenz und ihrer irreparablen Konsequenzen für die Reproduktion und des erst dann stattfindenden Anstiegs der Ovarialkarzinominzidenz in der Regel erst für Frauen ab diesem Alter bzw. nach Abschluss der Familienplanung empfohlen. Zum andern vermindert die prophylaktische Oophorektomie das Eierstockkrebsrisiko um 96 % [25].

Eine weitere risiko-reduzierende Option stellt die Chemoprävention dar:

4. Die Gabe eines Estrogen-Rezeptor-Modulators, wie Tamoxifen oder Raloxifen, gilt ebenfalls als geeignete Präventionsmaßnahme.[4] Die vorzeitige Versetzung gesunder Frauen in die Menopause lässt diese Option in den Hintergrund treten. Zudem sind weitere bekannte Nebenwirkungen bei einer Gabe von Tamoxifen Thrombose oder Lungenembolie; bei postmenopausalen Frauen kann auch Osteoporose auftreten. Hinzu kommt, dass es bspw. über die Gabe von Tamoxifen bisher nur bei bereits erkrankten Brustkrebspatienten Studien gibt. Die einzige Langzeitstudie weist zudem eine höhere Mortalität bei der Gruppe auf, die Tamoxifen prophylaktisch einnahm [26]. In Deutschland wird der Einsatz von Tamoxifen für die Brustkrebsprävention im Rahmen von Studien empfohlen [27]. Die Food and Drug Administration [28] der USA sowie das National Institute for Health and Clinical Excellence (NICE) in Großbritannien haben aber eine Indikation zumindest von Tamoxifen zur Brustkrebsrisikoreduktion empfohlen [29–31]. Aufgrund der massiven Implikationen wird die Gabe von Tamoxifen um der Vollständigkeit willen zwar aufgelistet, im Folgenden aber nur eingeklammert aufgeführt. Da insbesondere die

[4] In Großbritannien gibt es noch Therapiemöglichkeiten mit Arzoxifen und Lasoxifen, welche aber in Deutschland nicht zugelassen sind.

Nebenwirkungen der Estrogen-Rezeptor-Modulatoren für eine schlechte Compliance bei der Einnahme sorgen, werden andere chemopräventive Ansätze verfolgt. Hier werden derzeit Vorbereitungen für eine internationale Präventionsstudie bei *BRCA1*-Mutationsträgerinnen zwischen 25 und 55 Jahren mit Denosumab getroffen [32].

2.1.4 Zwischenfazit

Anhand des paradigmatischen Falls des hereditären Brustkrebses wurde deutlich, dass die Grenze zwischen biomedizinischer Definition von Krankheit und biomedizinisch bedingten Risiken fragil ist. Grund hierfür ist einerseits, dass das jeweilige ‚risk of disease' aufgrund der bereits erforschten Brustkrebsgene in einem zunehmenden Maße präzise bestimmt wird und somit innerhalb des Risikokollektivs bereits weitere Stratifizierungen vorgenommen werden. Letzteres ist bereits anhand der Unterscheidung von Hochrisikogenen und moderaten Risikogenen angezeigt. Zum anderen stehen 1) mit der intensivierten Früherkennung, 2) der prophylaktischen Mastektomie, 3) der prophylaktischen Oophorektomie (und 4) der Chemoprävention) in ihrer Eingriffstiefe unterschiedliche Maßnahmen zur Verfügung, dem Brustkrebs prophylaktisch zu begegnen.

2.2 Aus sozialrechtlicher Perspektive

Aus sozialrechtlicher Sicht ist zunächst zu erörtern, wie Personen mit einem genetischen Brustkrebsrisiko derzeit im System der Gesetzlichen Krankenversicherung (GKV) berücksichtigt werden und ob eine ausdrückliche Regelung von Leistungsansprüchen für dieses Risikokollektiv geboten ist.

Die noch recht jungen und zügigen Fortschritte in der genetischen Risikodiagnostik eröffnen der Medizin ein neues Anwendungsfeld, das in der Versorgung von Personen mit einem ‚risk of disease' besteht. Es handelt sich um eine Gruppe von Personen mit Bedarf an prophylaktischer medizinischer Versorgung vor dem eigentlichen Ausbruch ihrer Erkrankung, deren Zahl wegen der andauernden Fortschritte in der genetischen Risikodiagnostik perspektivisch weiter steigen wird. Angesichts dieser noch jungen Entwicklung in der Medizin verwundert es nicht, dass das Recht der GKV auf deren medizinische Versorgung bisher nur unzureichend eingestellt ist. Die neue Kategorie des ‚risk of disease' lässt sich mit dem Begriff der Krankenbehandlung, über den die Leistungsansprüche im Wesentlichen gesteuert werden, nur schwer in den Griff bekommen.

Personen mit hohen und moderaten Brustkrebsrisiken gelten sozialrechtlich tendenziell als ‚healthy', weshalb konsequenterweise die prophylaktische Mastektomie auch keine gesicherte Regelleistung (‚sickness'-Status) darstellt. Da aber auch die Krankenversicherer um die Ernsthaftigkeit der Diagnose einer pathogenen *BRCA1/2*-Mutation wissen, spricht der Medizinische Dienst der Krankenkassen in der Regel routinemäßig anhand von Einzelfallanträgen eine Empfehlung für die prophylaktische Mastektomie aus. Damit wird deutlich, dass v. a. die Fallgruppe der Trägerinnen von Hochrisikogenen adressiert ist. Hingegen sind hierbei Trägerinnen von moderaten Risikogenen in der Regel nicht routinemäßig erfasst.

Spricht sich der Medizinische Dienst zum anderen im Einzelfall gegen die Finanzierung einer medizinischen Leistung durch die Krankenkassen aus, bleibt den Betroffenen nur noch der Rechtsweg. Über gerichtliche Einzelfallentscheidungen lässt sich aber die medizinische Versorgung dieser für die GKV gänzlich neuen Gruppe von Personen nicht auf Dauer adäquat lösen. Denn das Recht muss vor allem dem Umstand Rechnung tragen, dass es nicht *das* ‚risk of disease' gibt, sondern ‚risk of disease' eben ein multifaktorielles Konstrukt ist (vgl. Abschn. 2.1.3b), welches in sich höchst heterogene und deshalb voneinander abzugrenzende Ausprägungen und Arten von Erkrankungsrisiken umfasst, für die wiederum unterschiedliche Behandlungsmöglichkeiten und Alternativbehandlungen zur Verfügung stehen. Da das ‚risk of disease' sozialrechtlich somit strukturell eine neue Kategorie darstellt, Gerichtsentscheidungen jedoch mit Einzelfallentscheidungen keine generelle Verbindlichkeit schaffen, stellt die Rechtsprechung daher kein taugliches Instrument dar, um die bestehenden Unterschiede sachgerecht abbilden zu können und Rechtssicherheit für die Betroffenen zu schaffen. Schließlich geht es bei der Zuteilung von Gesundheitsleistungen um grundlegende Wertentscheidungen, die zumindest in ihrem wesentlichen Kern durch den parlamentarischen Gesetzgeber langfristig zu lösen sind.

Den sozialrechtlichen Regelungsbedarf belegt ein beihilferechtlicher Rechtsstreit, in dem eine Beamtin, die Trägerin einer *BRCA2*-Mutation ist, die Erstattung der Kosten für eine prophylaktische Mastektomie zur Risikoreduktion begehrte. Auch wenn es sich um eine beihilferechtliche Streitigkeit handelt, belegt der Rechtsstreit den Regelungsbedarf für die GKV gleichermaßen. Denn der Krankheitsbegriff im Beihilferecht folgt dem der GKV [33]. Die Gretchenfrage des Rechtsstreits war, ob die *BRCA2*-Mutation oder das genetisch bedingte Risiko, an Brustkrebs zu erkranken, als Krankheit zu qualifizieren sei oder nicht. Das Ringen um den Krankheitsbegriff über alle drei Instanzen hinweg mit jeweils unterschiedlichen Begründungsansätzen zeigt in offenkundiger Weise, dass der Krankheitsbegriff für die Kategorie ‚risk of disease' an seine Grenzen stößt. Die beiden ersten Instanzen [34, 35] gelangten zwar zum identischen Ergebnis, waren aber unterschiedlicher Auffassung, ob eine Krankheit vorliege. So lehnte das Verwaltungsgericht Darmstadt das Vorliegen einer ‚disease' mit den Argumenten ab, dass die pathogene Mutation keine Beeinträchtigung der Körperfunktion beinhalte und auf die genetische Mutation selbst nicht ärztlich eingewirkt werden könne [36]. Die Beihilfefähigkeit der Kosten leitete das Gericht verfassungsrechtlich aus der beamtenrechtlichen Fürsorgepflicht ab [34, 37]. Hingegen sah der Hessische Verwaltungsgerichtshof in der prophylaktischen Mastektomie eine Krankenbehandlung, weil sie existenzielle Bedeutung habe und der Krankheitsbegriff wegen der beamtenrechtlichen Fürsorgepflicht verfassungskonform ausgelegt werden müsse [38].

Das BVerwG wiederum lehnte eine verfassungskonforme Auslegung des einfach-rechtlichen Krankheitsbegriffs aus § 6 der Hessischen Beihilfenverordnung (HBeihVO) ab, weil ein Erkrankungsrisiko mithilfe des einfachen Rechts als Krankheit im beihilferechtlichen Sinne angesehen werden könne [39]. An einer eigenen Sachentscheidung sah sich das BVerwG gehindert, weil seiner Rechtsauffassung nach die tatsächlichen Feststellungen des HessVGH nicht ausreichten, um über das Vorliegen einer Krankheit zu entscheiden [40]. Es hat daher den Rechtsstreit an den HessVGH zur erneuten Beurteilung zurückverwiesen. Es bleibt also möglich, dass es im Ergebnis bei der Entscheidung des HessVGH bleiben wird, d. h. das Brustkrebsrisiko als Krankheit qualifiziert wird und das Land Hessen die Kosten für die prophylaktische Mastektomie zu tragen habe. Dafür müssten sich allerdings die „engen Voraussetzungen", unter denen das BVerwG ein Erkrankungsrisiko als Krankheit wertet, aufgrund der erst noch vom HessVGH zu treffenden tatsächlichen Feststellungen, bejahen lassen [41].

Die „engen Voraussetzungen", unter denen ein Erkrankungsrisiko als Krankheit zu werten ist, hat das BVerwG in seiner Entscheidung näher festgelegt und damit materiell-rechtliche Kriterien für die Krankheitswertigkeit von Erkrankungsrisiken definiert. Erkrankungsrisiken im Allgemeinen könnten nur dann als Krankheit angesehen werden, wenn eine auf Tatsachen gestützte konkrete Gefahr einer schwerwiegenden Gesundheitsschädigung bestehe und die bei Ausbruch der Krankheit eintretenden schädigenden Folgen so schwer seien, dass eine Behandlungsbedürftigkeit schon vor Realisierung der Gefahr bestehe. Dann könne nämlich der betreffenden Person nicht zugemutet werden, dem Geschehen seinen Lauf zu lassen und sich auf die Inanspruchnahme von Früherkennungsmaßnahmen zu beschränken [42]. Eine nähere Spezifizierung dieser Kriterien erfolgt sodann speziell für das Brustkrebsrisiko. Dabei geht das BVerwG zum einen davon aus, dass für die unter „Zumutbarkeitsgesichtspunkten vorzunehmende Risikobewertung" nicht das statistische Lebenszeitrisiko an Brustkrebs zu erkranken, sondern das individuelle Risiko maßgeblich sei, innerhalb eines überschaubaren Zeitraums zu erkranken [43]. Zum andern sei bei Brustkrebserkrankungen von Familienmitgliedern zu beachten, ob diese einer bestimmten Altersspanne zuzuordnen seien und in welchem Altersabstand sich die betreffende Person befinde, wobei ein angemessener Sicherheitsabstand einzustellen sei [43]. Drittens seien die Sensitivität und die Heilungschancen von Früherkennungsmaßnahmen zu prüfen [43]. Das Erkrankungsrisiko habe umso eher „Krankheitswert", je zeitnäher nach den Verhältnissen des Einzelfalls die Erkrankung selbst zu erwarten sei oder je weniger sensitiv Früherkennungsmaßnahmen bzw. je geringer oder weniger verlässlich die Heilungschancen einzuschätzen seien [43]. Das Gericht ist zweifellos bemüht, Kriterien, die den Krankheitswert eines genetisch bedingten Brustkrebsrisikos ausmachen, zu entwickeln und zu spezifizieren. Doch die genannten Kriterien bleiben überaus vage und (zwangsläufig) unvollständig („jedenfalls folgende Aspekte im Rahmen einer (...) Risikobewertung" – [43]). Damit ist u. E. gerade angezeigt, dass über die Rechtsprechung auf Dauer keine Rechtssicherheit für Betroffene geschaffen werden kann. Die Rechtsprechung vermag nicht adäquat den Krankheitswert eines ‚risk of disease' abbilden, welches sich aus einer Vielzahl heterogener Faktoren zusammensetzt. Denn die Frage, welche Risikofaktoren mit welchem Anteil zu betrachten sind und in welchen Wechselbeziehungen sie zueinanderstehen, ist wohl kaum individuell vor Gericht zu klären.

Die ‚risks of disease' bilden strukturell eine gänzlich neuartige Gruppe, die die Bildung von Risikokollektiven erfordert, um langfristig im Sozialrecht adäquat abgebildet zu werden. Dies beinhaltet, sie zum Gegenstand der Öffentlichkeit zu machen, indem politische und parlamentarische Entscheidungsprozesse stattfinden. Überlässt man sie hingegen institutionell der Rechtsprechung, gehen durch die Fokussierung auf den bloßen Einzelfall zwangsläufig öffentliche Sichtbarkeit und Rechtssicherheit verloren. Die Kriterien, unter denen die ‚risks of disease' medizinisch abgesichert werden, bleiben notwendigerweise diffus. Die Konkretisierung der Anspruchsvoraussetzungen bedarf daher auf Dauer eigener rechtlicher Regelungen [44].

2.3 Aus gesundheitsökonomischer Perspektive

Aus gesundheitsökonomischer Perspektive interessiert an der Frage nach dem sozialrechtlichen Leistungsanspruch von Personen mit hohen (Brustkrebs)-Risiken die budgetären Auswirkungen auf das GKV-System. Im Falle des hereditären Brustkrebses steht der grundsätzlichen budgetären Belastung für die Krankenkassen durch eine steigende Nachfrage nach genetischer Testung, operativen Eingriffen oder intensivierter Früherkennung eine potenzielle budgetäre Entlastung aufgrund frühzeitig diagnostizierter oder sogar verhinderter Mamma- und Ovarialkarzinome gegenüber.

International sind zwar eine Reihe von Modellen zur Analyse der Kosteneffektivität unterschiedlicher Interventionsstrategien beim hereditären Brust- und Eierstockkrebs entwickelt worden [45–52]. Jedoch divergieren diese Studien erheblich in Bezug auf Design, einbezogene Zielpopulation sowie untersuchte Interventionsstrategien und betrachten den budget-impact auf das deutsche GKV-System zumeist gar nicht oder allenfalls ansatzweise. Auch eine erste Kosteneffektivitätsanalyse in Bezug auf das deutsche GKV-System liegt vor [53], basiert allerdings auf einer sehr kleinen Stichprobe bereits erkrankter Frauen (n = 70), die zudem durch erheblich Heterogenität gekennzeichnet ist. Insgesamt liegen für Deutschland somit belastbare Ergebnisse bislang nicht vor.

Vor diesem Hintergrund wurden die budgetären Auswirkungen für die genetische Testung und anschließende Therapie von *BRCA1/2*-Mutationsträgerinnen untersucht (Budget-Impact-Analyse). Unter Nutzung von – durch Informationen aus der Literatur ergänzten – Daten des Deutschen Konsortiums Familiärer Brust- und Eierstockkrebs von gesunden weiblichen Angehörigen erkrankter *BRCA1/2*-Mutationsträgerinnen, die neben der prädiktiven Testung und der intensivierten Früherkennung auch ggf. eine prophylaktische Operation (Mastektomie/Oophorektomie) in Anspruch genommen haben, wurden zwei Szenarien verglichen: eine konstant bleibende und eine steigende Nachfrage nach prädiktiver genetischer Testung sowie der sich daran anschließenden Behandlungsformen. Technisch umgesetzt wurde die Budget-Impact-Analyse über ein Markovmodell (Kohortensimulation), das für eine Laufzeit von zehn Jahren die Kosten aus Sicht der gesetzlichen Krankenversicherung prognostiziert. Einbezogen in die Kostenmodellierung wurden die genetische Testung, die Interventionsstrategien (intensivierte Früherkennung/prophylaktische Mastektomie, prophylaktische Oophorektomie), die Standardvorsorge (klinische Brustuntersuchung ab 30 Jahren/Screeningmammografie ab 50 Jahren), die Behandlung aufgetretener Mamma- und Ovarialkarzinome, die Nachsorge, Behandlung von Rezidiven, kontralateralem Brustkrebs sowie Fernmetastasen. Zur Überprüfung der Belastbarkeit der Ergebnisse wurden zahlreiche Sensitivitätsanalysen durchgeführt.

Das Modell startet mit der Kohorte von 2509 Frauen, die bereits im Rahmen des bestehenden Programms des Deutschen Konsortiums Familiärer Brust- und Eierstockkrebs im Zeitraum 2005 bis 2014 als gesunde Angehörige von Mutationsträgerinnen eine genetische Beratung und zum Großteil auch eine prädiktive genetische Testung erhielten. Bei einem jährlichen Zugang von 4515 gesunden Frauen (ermittelt anhand von Zahlen zur Inzidenz von Brustkrebs in Deutschland in Verbindung mit der Annahme eines Anteils von 5 % an erblichen Brustkrebs), gehen über den Zeitraum von zehn Jahren insgesamt über 47.500 Frauen in das Modell ein. In der Variante „gestiegene Nachfrage“ erhalten davon 90 %, hingegen in der Variante „konstante Nachfrage“ nur 9 % einen prädiktiven genetischen Test.

Hinsichtlich der Gesamtausgaben aus GKV-Perspektive kommt es über den betrachteten Zeitraum von zehn Jahren zu Mehrkosten in der Variante „gestiegene Nachfrage“ von ca. 125 Mio. EUR im Vergleich zur Variante „konstante Nachfrage“. Dabei entstehen die höchsten Mehrausgaben mit knapp 90 und 40 Mio. EUR durch die Kosten der genetischen Testung, der intensivierten Früherkennung sowie prophylaktischen Maßnahmen in der Gruppe der *BRCA1/2*-Mutationsträgerinnen. Einsparungen werden insbesondere in den Bereichen der Behandlung von Mammakarzinomen gemacht, gefolgt von Behandlungskosten bei Eierstockkrebs. Zudem werden in der Standardvorsorge (reguläres Brustkrebsscreening) ebenfalls Einsparungen generiert. Die Höhe der Mehrbelastungen in der intensivierten Früherkennung hängt im Wesentlichen von der Stärke der Nachfrage nach genetischen Testungen, der Höhe der Kosten der genetischen Testung, der Inzidenz der Erkrankung sowie der Nachfrage nach kostenintensiven Interventionsmaßnahmen, wie prophylaktischen Operationen, ab.

Wenn auch der Fokus des Modells auf den Ausgaben der Krankenkassen liegt, zeigt es gleichzeitig die Wirkungen einer gesteigerten Nachfrage der intensivierten Früherkennung auf die Outcomes: In dem Szenario „gestiegene Nachfrage“ können gegenüber dem Szenario „konstante Nachfrage“ insgesamt 104 durch Brust- und Eierstockkrebs verursachte Todesfälle vermieden werden. Zudem werden in Folge der prophylaktischen Operationen 181 Mamma- und 91 Ovarialkarzinome vermieden. Es stellt sich also die in der Gesundheitsökonomie häufige Konstellation ein, dass einer Verbesserung des gesundheitlichen Outcomes Mehrkosten für die Versichertengemeinschaft gegenüberstehen. Hier sollte eine gesellschaftliche Debatte zeigen, ob dieser Nutzen die Kosten rechtfertigt.

2.4 Aus sozialethischer Perspektive

Die sozialethische Perspektive fragt basierend auf den medizinischen, sozialrechtlichen und gesundheitsökonomischen Ausführungen im Sinne einer konkreten Ethik, inwiefern gemäß der Sachlogik des Funktionsbereichs des Gesundheitssystems einerseits und gemäß sozialethischer Prinzipien andererseits eine sozialrechtliche Berücksichtigung von Personen mit hohen und moderaten Risiken anzustreben ist, um so faire Teilhabebedingungen an medizinischen Leistungen herzustellen. Die ausdrückliche sozialrechtliche Regelung von Leistungsansprüchen für Personen mit hohen und moderaten (Brustkrebs-)Risiken innerhalb des GKV-Systems ist aus sozialethischer Sicht auf der gesetzlichen Ebene geboten, um eine Ungleichbehandlung äquivalenter Fälle zu vermeiden und so eine kohärente Umgangsweise zu gewährleisten. So wird derzeit bspw. für Faktor-V-Leiden-Mutationsträger aufgrund ihres erhöhten Thromboserisikos (‚risk of disease') eine Regelbehandlung angeboten. Sowohl Trägerinnen von Brustkrebsrisikogenen als auch Faktor-V-Leiden-Mutationsträgern haben aber keine manifeste ‚disease', sondern lediglich ein ‚risk of disease'. Faktor-V-Leiden-Mutationsträgern haben somit allein aufgrund eines vorliegenden ‚risk of disease' einen Leistungsanspruch auf die Gabe von Heparin oder Phenprocoumon, da sie sozialrechtlich als analog zu erkrankten Personen anerkannt werden. Trägerinnen von Brustkrebsrisikogenen, insbesondere *BRCA1/2*-Mutationsträgerinnen wird ein solch analoger ‚sickness'-Status bislang nicht zuerkannt (vgl. Abschn. 2.2). Nun mag dies vor dem Hintergrund der gesundheitsökonomischen Ausführungen, die eine Mehrbelastung des Gesamtbudgets der Krankenkassen durch eine sozialrechtliche Berücksichtigung von Personen mit hohen und moderaten Brustkrebsrisiken anzeigen, gerechtfertigt erscheinen. Doch aus ethischer Perspektive können die für eine Maßnahme entstehenden Kosten alleine keine hinreichende Begründung dafür sein, einen Leistungsanspruch nicht zu gewähren. Vielmehr geht es in sozialethischer Perspektive darum, Kriterien und Maßstäbe (siehe hierzu auch ausführlicher Abschn. 3.2) zu entwickeln, aufgrund derer eine aktive soziale Teilhabe gerade auch vulnerabler und benachteiligter Personen gewährleistet werden kann [54]. Mit anderen Worten: Es müssen nicht nur gleiche Ansprüche auch gleichbehandelt werden, sondern je nach Voraussetzung brauchen einzelne Individuen mitunter auch unterschiedlich starke Unterstützung dabei, in ihren jeweiligen fundamentalen Ansprüchen überhaupt Gehör und Anerkennung zu finden [55]. Insofern stellt die verfassungsrechtliche Betonung des Gleichheitsgrundsatzes ein notwendiges, wenn auch allein noch nicht hinreichendes Element eines gerechten Umgangs mit Leistungsansprüchen dar. Neben der analogen Regelung von als gleichrangig anzuerkennenden Ansprüchen besteht aus sozialethischer Perspektive ein weiteres Argument für die Zuerkennung eines Leistungsanspruchs für Personen mit hohen oder moderaten genetischen (Brustkrebs-)Risiken darin, die Betroffenen durch die Anerkennung eines sozialrechtlichen Leistungsanspruchs zur eigenverantwortlichen Gestaltung ihrer Gesundheit zu befähigen [56].

2.5 Resümee

Betrachtet man summarisch die auf unterschiedlichen Ebenen liegenden medizinischen, sozialrechtlichen, gesundheitsökonomischen sowie sozialethischen Argumente, so ist deutlich: Die Argumente für einen ausdrücklichen Leistungsanspruch von Personen mit hohen und moderaten (Brustkrebs-)Risiken überwiegen die Gegenargumente. Denn eine offengelegte Ungleichbehandlung im Sozialrecht, eine Befähigung zu gleicher Teilhabe an ärztlicher Behandlung und eine aufgewiesene Anzahl von vermeidbaren Todesfällen (s. Abschn. 2.3) überwiegen u. E. eine budgetäre Mehrbelastung der Krankenkassen. Insofern ist aus unserer Perspektive die Frage, ob Personen mit hohen und moderaten (Brustkrebs-)Risiken einen sozialrechtlichen Anspruch auf medizinisch-prophylaktische Leistungen erhalten sollen, grundsätzlich zu bejahen.

Hiergegen könnte man einwenden, dass die prophylaktische Mastektomie bei *BRCA1/2*-Mutationen die in der Verfahrensordnung des Gemeinsamen Bundesausschusses geregelten Kriterien für eine erfolgreiche evidenzbasierte Methodenbewertung gemäß § 137c SGB V nicht erfüllt und deshalb ein Leistungsanspruch ausscheidet.[5] Unterstellt, die prophylaktische Mastektomie müsste die Kriterien für eine evidenzbasierte Methodenbewertung erfüllen, die durch die Verfahrensordnung des Gemeinsamen Bundesausschusses geregelt werden, so könnte sie ihren Nutzen [57] auf Evidenzniveau 1 in Bezug auf patientenbezogene Endpunkte noch nicht

[5]U. E. ist es nicht eindeutig, ob die prophylaktische Mastektomie überhaupt den hohen Anforderungen der evidenzbasierten Methodenbewertung unterliegt. Der Nutzennachweis gemäß der Verfahrensordnung des Gemeinsamen Bundesausschusses anhand patientenbezogener Endpunkte in Form etwa des Gesamtüberlebens setzt nämlich voraus, dass es sich bei ihr um eine neue Behandlungsmethode handeln würde. Daran lässt sich jedoch zweifeln, weil die prophylaktische Mastektomie eine bereits etablierte medizinische Leistung ist. Selbst wenn sie als neue Behandlungsmethode einzuordnen wäre, so würde es nach § 137c Abs. 3 SGB V ausreichen, dass sie das Potenzial einer erforderlichen Behandlungsalternative bietet.

belegen. Der Nutzennachweis muss auf der Basis qualitativ angemessener Unterlagen erfolgen, wobei dies – soweit möglich – Unterlagen der Evidenzstufe 1 mit patientenbezogenen Endpunkten (z. B. Mortalität, Morbidität, Lebensqualität) sein sollen [58]. Bei der prophylaktischen Mastektomie – wie auch bei der prophylaktische Oophorektomie – ist bisher die erhebliche Reduktion des Erkrankungsrisikos nachgewiesen und dies auf einem Evidenzlevel 3a [17, 59].

Hier ist zu bemerken: Die Autoren sind sich aber darin einig, dass die nicht vorliegende Evidenz im o. g. Sinn keine Anfrage an die Methode der prophylaktischen Operationen darstellt. Die nachgewiesene Reduktion des Brustkrebsrisikos, die klinische Erfahrung mit diesen Methoden, was die Zufriedenheit der Betroffenen einschließt, und die Empfehlung dieser Maßnahmen durch den Medizinischen Dienst der Krankenkassen bürgen bereits jetzt schon für den medizinischen Nutzen dieser Maßnahmen. Dass dieser Nutzen nicht auf dem vom Gesetzgeber geforderten Evidenzlevel erwiesen werden kann, um als Regelleistung anerkannt zu werden, stellt u. E. eine Frage von geeigneten Forschungsprojekten dar. Nicht zuletzt aufgrund des Paradigmenwechsels in der Medizin wird nämlich mittelfristig die medizinische Forschung die geforderte Evidenz erweisen können. Diese Governance Perspective will darum im Folgenden dem Gesetzgeber einen Handlungskorridor aufzeigen, wie ein sozialrechtlicher Leistungsanspruch auf prophylaktische Maßnahmen für Personen mit hohen und moderaten (Brustkrebs-) Risiken gestaltet werden kann, weil diese Fragestellung bereits jetzt schon absehbar ist und die derzeitige Regelung rechtliche wie ethische Probleme birgt.

BY

Wie können Leistungsansprüche von Personen mit hohen und moderaten Risiken geregelt werden?

3

3.1 Die Frage des medizinischen Behandlungsbedarfs

Geht man von den vorgelegten fünf Kriterien aus, so stellt sich zunächst die Frage, wie sich der medizinische Behandlungsbedarf von Personen mit hohen und moderaten (Brustkrebs-)Risiken begründen lässt. Hier wären zwei Möglichkeiten denkbar:

1. Wie anhand des oben erläuterten Verfahrens einer *BRCA2*-Mutationsträgerin deutlich wurde, kann ein ‚risk of disease' nicht ohne weiteres dem sozialrechtlichen Krankheitsbegriff zugeordnet werden, da das Kriterium der „körperlichen Funktionsbeeinträchtigung" eben nicht vorliegt (siehe Abschn. 2.2). Diese Schwierigkeit ließe sich jedoch noch mit folgender Argumentation überwinden: Mit der pathogenen Mutation liegt nämlich durchaus eine Funktionsstörung im Stoffwechsel vor. Diese ist zwar äußerlich nicht merklich, eine anormale Funktion des Stoffwechsels kann aber durchaus als ‚disease' verstanden werden [60]. Eine solche Argumentation führt allerdings zur Gleichsetzung von ‚disease' und ‚risk of disease'. Sozialrechtlich mag der Verlust der Eindeutigkeit des ‚disease'-Begriffs in dieser Hinsicht hinnehmbar sein. Gesellschaftlich kann dies jedoch eine umfassende Pathologisierung implizieren, wonach jede Person mit einer pathogenen Mutation als ‚diseased' gilt. Dies kann u. a. die Mikroebene des Arzt-Patienten-Verhältnisses beeinflussen oder auf der Makroebene eine zusätzliche Einflussnahme von kommerziellen Stakeholdern befördern [61].
2. Eine andere Möglichkeit wäre, das ‚risk of disease' nicht kurativ, sondern als präventiven Behandlungsbedarf zu verstehen. Eine Behandlung wäre demnach genau dann durch das Gesundheitssystem zu tragen, wenn das ‚risk of disease'

F. Meier et al., *Risikoadaptierte Prävention*, essentials,
https://doi.org/10.1007/978-3-658-20801-1_3

> unter Berücksichtigung aller modulierenden Faktoren nach medizinischem Wissensstand interventionsfordernd ist. Diese Position impliziert, dass neben dem akutmedizinisch gesteuerten Bereich ein präventionsmedizinischer Regelungsbereich besteht, der über eine eigene Codierung – nicht mittels des ‚disease'-Begriffs – gesteuert wird. Diese Codierung könnte Leistungsansprüche für Personen mit hohen und moderaten (Brustkrebs-)Risiken beinhalten, sofern die Betroffenen ein für ihr Risikokollektiv nachweisbares interventionsforderndes ‚risk of disease' haben, welches sich vom ‚average risk of disease' der Gesamtbevölkerung signifikant unterscheidet.

Da die Annahme eines präventionsmedizinischen Behandlungsbedarfs bei Vorliegen eines hohen und moderaten (Brustkrebs-)Risikos weniger problematische Folgen für die Gesellschaft impliziert, als mit der Annahme eines kurativen Behandlungsbedarfs zu fürchten sind (umfassende Pathologisierung), gehen wir im Folgenden von einem präventiven Behandlungsbedarf aus.

3.2 Das ‚healthy sick'-Modell: Kriterien zur sozialrechtlichen Berücksichtigung von Personen mit hohen und moderaten Risiken

Um die multidimensionale Frage des Leistungsanspruchs aufgrund eines vorliegenden (Brustkrebs-)Risikos sachgerecht zu entwickeln, wurden mit dem ‚healthy sick'-Modell bereits fünf heuristische Kriterien aufgestellt, die für die Regelung von Leistungsansprüchen von Personen mit hohen und moderaten (Brustkrebs-)Risiken relevant sind [62].

1. Vor dem Hintergrund, dass
   a. das Risiko in der Gruppe der Personen mit hohen und moderaten Risiken auch innerhalb eines individuellen Lebens stark divergieren kann und
   b. mehrere, in ihrer Eingriffstiefe divergierende prophylaktische Maßnahmen für bestimmte Krankheiten zur Verfügung stehen,

sind die prophylaktischen Maßnahmen risikosensibel-verhältnismäßig zuzuordnen: Zum einen ist zwischen interventionsforderndem und nicht-interventionsforderndem ‚risk of disease' zu unterscheiden. Demnach wäre das ‚risk of disease' genau dann interventionsfordernd, wenn das genetische Risiko unter Berücksichtigung der dieses Risiko modulierenden Faktoren so geartet wäre, dass das Ausbleiben einer medizinischen Intervention fahrlässig wäre, da bspw. eine schwere

Krebserkrankung oder der Tod drohen. Konsequenterweise steht zum einen nicht jedem, der zum Brustkrebsrisikokollektiv gerechnet wird, eine prophylaktische Mastektomie zu. Da aber zum andern innerhalb des Bereiches des interventionsfordernden ‚risk of disease' unterschiedliche, in ihrer Eingriffstiefe stark divergierende prophylaktische Maßnahmen zur Verfügung stehen (von intensivierter Früherkennung bis hin zur prophylaktischen Mastektomie), ist dieser Bereich wiederum eigens zu differenzieren, sodass die zugeteilte prophylaktische Maßnahme mit dem Bedarf des jeweiligen ‚risk of disease' korrespondiert.

2. Weil Risiko aber ein multifaktorielles Konstrukt ist, ist die Risikoeinschätzung erst dann umfassend erfolgt, wenn neben den genetischen weitere (auch psychische oder den Life-Style betreffende) Faktoren berücksichtigt werden. Insofern ist die Risikoeinschätzung risikosensibel-lebensorientiert zu vollziehen.
3. Der quantitativen Erfassung der Betroffenen aufgrund von gesammelten Daten (ad. 2) sollte ein qualitativ-narratives Kriterium entsprechen, nach welchem die Perspektive der Betroffenen angemessen Gehör in der Risikoeinschätzung finden soll. Im Gespräch zwischen Arzt und Patientin kann gerade so Raum für biografisch-familiäre Erlebnisse und individuelle Deutungsmuster geschaffen werden, um eventuelle „Verstehenshürden" zu identifizieren und einen möglichst reflektierten Entscheidungsprozess zu fördern.
4. Mit den ersten drei Kriterien ist bereits eine hochkomplexe Sachlage konturiert, die nur dann gelingen kann, wenn die Komplexität sozialrechtlich pragmatisch angewendet wird. D. h. es muss ein Verfahren gefunden werden, welches die individuelle Risikoprofilierung zum allgemeinen Leistungsanspruch so ins Verhältnis setzt, dass der Zugang zu prophylaktischen Maßnahmen transparent gegeben ist.
5. Schließlich ist die sozialrechtliche Berücksichtigung von Personen mit hohen und moderaten Risiken im Makrokontext budgetärer Möglichkeiten zu betrachten. Ob eventuelle Mehrkosten im Falle einer geregelten sozialrechtlichen Berücksichtigung bestimmter ‚risk of disease'-Gruppen, bei denen keine Entlastung der Krankenkassen wie im Fall des hereditären Brustkrebses besteht, vom Gesundheitssystem getragen werden können, muss für die jeweilige Gruppe innerhalb der hochsensiblen Budgetauslotung ausgehandelt werden. Ohne Zweifel ist aber deutlich, dass die Berücksichtigung dieser Personengruppen nur in einer finanziell-verhältnismäßigen Weise geschehen kann, welche zum einen den Vorrang kurativer medizinischer Therapien berücksichtigt, zugleich aber dem unter Abschn. 2.1.2 nachgezeichneten Paradigmenwechsel innerhalb der Medizin Rechnung trägt [63].

3.3 Sozialrechtliche Begrifflichkeit

Versucht man nun den fünf Kriterien des ‚healthy sick'-Modells sowie dem präventiven Behandlungsbedarf zur sozialrechtlichen Berücksichtigung von Personen mit hohen und moderaten Risiken Rechnung zu tragen, so stellt sich die Frage, ob bereits gegebene Rechtsbegriffe Leistungsansprüche von Personen mit hohen und moderaten (Brustkrebs-)Risiken umfassen oder ob neue Rechtsbegriffe diese Aufgabe übernehmen müssen.

3.3.1 Sozialrechtliche Berücksichtigung anhand der Kategorien der Prävention bzw. Vorsorge

Prima facie könnte man an Kategorien der GKV denken, die einen präventiven Ansatz verfolgen. Zu nennen ist die primäre Prävention bzw. Gesundheitsförderung nach § 20 SGB V, die Früherkennung von Krankheiten nach den §§ 25 SGB V und die medizinische Vorsorgeleistung nach § 23 Abs. 1 Nr. 3 SGB V.

Die primäre Prävention und Gesundheitsförderung nach § 20 SGB V zielt nur auf die Erhaltung der Gesundheit in einem sehr grundsätzlichen Sinne. Es geht hier – wie aus Abs. 4 deutlich wird – in erster Linie um die Einwirkung auf Umweltfaktoren und Sozial- bzw. Verhaltensfaktoren. Genetische Diagnostik sowie präventiv-operative Maßnahmen sind hier nicht im Blick.

Analog gilt dies für § 25 SGB V. Dieser zielt gemäß Abs. 1 Satz 1 auf die „Erfassung und Bewertung gesundheitlicher Risiken und Belastungen" sowie auf die „Früherkennung von bevölkerungsmedizinisch bedeutsamen Krankheiten". § 25 SGB V bezieht sich auf solche Gesundheitsuntersuchungen, die standardisiert für jedermann sinnvoll sind, und nicht nur bestimmte Fallgruppen umfassen. Genetische Testungen auf das Vorliegen von bestimmten pathogenen Mutationen dienen jedoch der Feststellung individueller Risiken; es handelt sich nicht um „Jedermann-Tests". Zudem erfasst § 25 SGB V nur diagnostische Maßnahmen, sodass die Regelung für präventiv-operative Maßnahmen, wie etwa eine prophylaktische Mastektomie hier keine taugliche Rechtsgrundlage hat.

Medizinische Vorsorgeleistungen gemäß § 23 Abs. 1. S. 1 Nr. 3 SGB V beinhalten auch den Anspruch auf ärztliche Behandlung und Versorgung mit Arznei-, Verband-, Heil- und Hilfsmitteln, wenn diese notwendig sind, um Krankheiten zu verhüten. Die Regelung scheidet jedoch für präventiv-operative Maßnahmen als Rechtsgrundlage aus, sofern diese Maßnahmen lege artis nur stationär im Krankenhaus durchgeführt werden können.

Sofern Leistungsansprüche von Personen mit hohen oder moderaten (Brustkrebs-)Risiken auch operative Maßnahmen umfassen sollen, da diese wirksam das Schadensrisiko minimieren können, kann dies anhand der vorhandenen Kategorien der Prävention, Gesundheitsförderung, Früherkennung und Vorsorge nach den §§ 20 ff. SGB V nicht gelingen. Derartige Leistungen sind dort nicht vorgesehen. Eine Erweiterung dieser Kategorien, sodass bspw. die Vorsorgeleistung eine prophylaktische Mastektomie umfasst, impliziert den Verlust ihrer eigentlich intendierten sozialrechtlichen Steuerungsfunktion.

3.3.2 Sozialrechtlich-pragmatisches Modell. Regelung mittels der Krankenbehandlung

Ein präventiv-operativer Eingriff, der nur stationär erfolgen kann, könnte darum *prima facie* nur noch unter die ‚Krankenbehandlung' nach § 27 I 1 SGB V fallen: „Versicherte haben Anspruch auf Krankenbehandlung, wenn sie notwendig ist, um eine Krankheit zu erkennen, zu heilen, ihre Verschlimmerung zu verhüten oder Krankheitsbeschwerden zu lindern". Doch wie bereits erläutert wurde, kann ein ‚risk of disease' nicht ohne weiteres als Krankheit im Sinne des Sozialrechts qualifiziert werden. Betrachtet man aber bspw. die Fallgruppe der Trägerinnen von Hochrisikogenen, so könnte man im Sinne einer ultima ratio Logik das ‚risk of disease' als ‚disease' „im Sinne der gesetzlichen Krankenversicherung" verstehen, nämlich genau dann, wenn

1. das ‚risk of disease' unzumutbar ist,
2. die Risikominimierung ausschließlich mittels einer stationär durchzuführenden Operation erfolgen kann, da es nach derzeitigem medizinischen Kenntnisstand keine Behandlungsalternative mit dem gleichen erfolgsversprechenden Ergebnis gibt [64].

Werden aber die Hochrisikogene *BRCA1/2* als Krankheit qualifiziert, so können eine prophylaktische Mastektomie, die zu diesem therapeutischen Zweck notwendige genetische Testung als auch die anschließende Brustkrebsrekonstruktion als Krankenbehandlung verstanden werden. Die Kosten für diese Maßnahmen würden in diesem Fall von den Krankenkassen getragen werden [64, 65].

Der scheinbare Vorteil dieser Lösung ist ohne Zweifel die angewandte Pragmatik, von der Frage des risikoreduzierenden Leistungsumfangs im Falle von *BRCA1/2*-Mutationsträgerinnen auszugehen, worunter eben auch die prophylaktische Mastektomie fällt. Da die prophylaktische Mastektomie aber eine Operation darstellt und diese nur stationär durchführbar ist, kann die sozialrechtliche Berücksichtigung dieses Risikokollektivs nur mittels des Begriffs der ,Krankenbehandlung' gelingen. Damit ist impliziert, dass *BRCA1/2*-Mutationsträgerinnen einen kurativen Behandlungsbedarf haben; eine ,disease' wird also – wie ja explizit betont wird – ,im Sinne der gesetzlichen Krankenversicherung' vorausgesetzt. Insofern können „auch geringere als drohende letale Erkrankungsrisiken als Krankheit zu qualifizieren sein […], wenn sie dauerhafte schwere Folgen betreffen" [64].

Die Zuordnung der prophylaktischen Mastektomie bei *BRCA1/2*-Mutationen zur Fallgruppe „mittelbare Krankenbehandlung, Eingriff in gesundes Organsystem" geht zwangsläufig mit einem Differenzierungsverlust einher, weil der Fokus der Betrachtung darauf liegt, ob auf die konkret begehrte Leistung – unter ultima ratio Gesichtspunkten – ein Anspruch besteht. Es fehlt an einer generellen – also vom Einzelfall losgelösten – Positionierung (auch) zu der vorgelagerten Frage, welche ,risk of disease'-Zustände als interventionsfordernd qualifizierbar sind (s. Abschn. 3.1). In einem weiteren zweiten Schritt ist zu klären, welche konkreten ,risk of disease'-Leistungen (z. B. prophylaktische Mastektomie) beanspruchbar sind. Zudem sind die bisher über die Rechtsprechung des BSG gelösten Fallkonstellationen keine „echten" ,risk of disease'-Konstellationen im hiesigen Sinne. Solange das Rechtssystem für dieses neue Phänomen in einer Logik der Einzelfallverrechtlichung stecken bleibt, wird der Umgang mit ,risk of disease'-Zuständen sowie das Bestehen von Leistungsansprüchen mit deutlichen Rechtsunsicherheiten belastet sein (s. Abschn. 2.2). Mittelfristig wird das Rechtssystem nicht negieren können, was es tatsächlich gibt: Vor dem Hintergrund des geschilderten Paradigmenwechsels in der Medizin, welcher personalisierte-prophylaktische Maßnahmen anhand präziser Risikoprofilierung in Aussicht stellt, greift das Krankheitsverständnis des GKV-Systems, das im sozialrechtlichen ,disease'-Begriff seinen stärksten Ausdruck findet, zu kurz. Der medizinische Fortschritt zeigt darum an, dass Leistungsansprüche bzgl. präventiv-operativer Maßnahmen langfristig nicht über die Steuerungsfunktion des ,disease'-Begriffs geregelt werden können.

3.3.3 Sozialrechtliche Berücksichtigung anhand der risikoadaptierten Prävention

Um die Nachteile der sozialrechtlichen Berücksichtigung von Personen mit hohen und moderaten Risiken im Allgemeinen und *BRCA1/2*-Mutationsträgerinnen im Besonderen anhand des Begriffes der ,Krankenbehandlung' zu vermeiden, könnte ein neuer, in seinem Bedeutungsumfang eigens für diese Sachlage bestimmter

Begriff etabliert werden. Hierfür würde sich der in der Medizin bereits für die Problematik der ‚risks of disease' und der entsprechenden Therapieansätze gebräuchliche Begriff der ‚risikoadaptierten (Krebs-)Früherkennung' anbieten: Diese zielt darauf, „Personen mit einem deutlich erhöhten Risiko anhand bestimmter Risikoindikatoren zu identifizieren und diesen geeignete Maßnahmen der Krebsfrüherkennung anzubieten" [12].

Der Terminus der risikoadaptierten Krebsfrüherkennung impliziert zwar die „Chance der gezielten Vorbeugung", legt aber das Gewicht auf die Identifizierung von Risikokollektiven und korrespondierende Krebsfrüherkennungsuntersuchungen. Ziel dieses Begriffes ist im Grunde ein Screeningprogramm. Um das Gewicht stärker auf die gezielte Krebsprävention durch wirksame medizinische Maßnahmen zu legen und somit einen sozialrechtlichen Leistungsanspruch jenseits von Einzelfallentscheidungen für die Fallgruppen mit interventionsforderndem Risiko aufzubauen, scheint darum der Terminus der ‚risikoadaptierten Prävention' adäquat.

4 Welchen Risikokollektiven gilt die Regelung sozialrechtlicher Leistungsansprüche anhand der ‚risikoadaptierten Prävention'?

Damit stellt sich über den konkreten Fall von Personen mit hohen und moderaten Brustkrebsrisiken hinaus die Frage, für welche Fallgruppen innerhalb von Risikokollektiven anhand welcher Kriterien tatsächlich sozialrechtliche Leistungsansprüche geboten sind. Dabei muss grundsätzlich gelten: Das genetische Risiko dieser Fallgruppen muss interventionsfordernd sein. D. h. das ‚risk of disease' muss unter Berücksichtigung des genetischen Risikos und der weiterhin zu betrachtenden Risikofaktoren so geartet sein, dass das Ausbleiben einer medizinischen Intervention fahrlässig wäre, da bspw. eine schwere Krebserkrankung oder der Tod drohen. Konsequenterweise muss innerhalb von Risikokollektiven zwischen interventionsforderndem und nicht-interventionsforderndem Risiko unterschieden werden. Für die Unterscheidung von interventionsforderndem und nicht-interventionsforderndem Risiko gilt es folgende Extreme zu vermeiden (siehe Abb. 5.1):

1. Die Hürde der sozialrechtlichen Berücksichtigung sollte nicht so hoch angesetzt werden, dass letztlich die zu berücksichtigende Fallgruppe von vornherein mit bestimmten Hochrisikovarianten enggeführt wird („unzumutbares Risiko" [siehe Abschn. 3.3.2]). In diesem Fall würde dem Risiko als multifaktoriellem Konstrukt nicht adäquat Rechnung getragen, da auch – wie im konkreten Fall des hereditären Brustkrebses bspw. anhand der jeweiligen Familienanamnese deutlich ist – Trägerinnen von moderaten Risikogenen ein ausgesprochen hohes Risiko haben können.
2. Die Zuordnung von prophylaktischer Maßnahme zum jeweiligen Risiko dürfte aber auch nicht allein maßgeblich von der subjektiven Risikowahrnehmung abhängig sein (‚illness'-Faktoren). Allein die Äußerung von Bedürfnissen kann für rechtliche Regelungen kein Kriterium darstellen; zumal durch die Divergenz in der Wahrnehmung von Brustkrebsrisiken (siehe Abschn. 2.1.3d) bereits angezeigt ist, wie schwierig Risikoeinschätzungen sein können.

F. Meier et al., *Risikoadaptierte Prävention,* essentials,
https://doi.org/10.1007/978-3-658-20801-1_4

cc
BY

5 Welche prophylaktischen Maßnahmen sollen welchem individuellen Risiko zugeordnet werden (Allokationskriterien)?

Da die zur Verfügung stehenden prophylaktischen Maßnahmen in ihrer Eingriffstiefe unterschiedlich sind, sollte innerhalb der Gruppe der Personen mithilfe der Bildung von Fallgruppen eine klare Zuordnung von Risiken und prophylaktischen Maßnahmen erfolgen.

Liegt aber mit der ‚risikoadaptierten Prävention' eine neue Rechtskategorie vor, welche Leistungsansprüche von Personen mit hohen und moderaten Risiken umfassen soll, und ist innerhalb der Risikokollektive zwischen Fallgruppen mit unterschiedlich hohem Risiko zu unterscheiden, so muss für die Allokation folgendes beachtet werden:

1. Grundsätzlich muss mittels einer risikosensiblen-verhältnismäßigen Kriteriologie zwischen interventionsforderndem (‚sickness'-Status) und nicht-interventionsforderndem Risiko unterschieden werden.
2. Innerhalb des Bereiches des interventionsfordernden Risikos ist gemäß dem risikosensiblen-verhältnismäßigen Kriterium nochmals zu differenzieren, da nur so die in ihrer Eingriffstiefe unterschiedlichen prophylaktischen Maßnahmen mit einem entsprechend hohen ‚risk of disease' korrespondieren können.
3. Da Risiko ein multifaktorielles Konstrukt darstellt, sind möglichst viele Risikofaktoren für die Risikoeinschätzung zu berücksichtigen. Dabei sollten möglichst neben den genetischen Basisfaktoren ‚illness'-, Umwelt-, Lifestylefaktoren usw. beachtet werden (vgl. Abschn. 2.1).

Es ergibt sich aus dem Gesagten, dass sich die Festlegung von Allokationskriterien innerhalb von sozialrechtlich zu berücksichtigenden Fallgruppen schwierig gestalten dürfte. Eine Debatte über diese Kriterien ist aber prinzipiell nur bei den Risikokollektiven sinnvoll, für die es wirksame medizinische prophylaktische

F. Meier et al., *Risikoadaptierte Prävention,* essentials,
https://doi.org/10.1007/978-3-658-20801-1_5

Maßnahmen gibt. Unbedingtes Kriterium zur Bildung eines Leistungsanspruchs für bestimmte Risikokollektive ist somit die Verfügbarkeit von Interventionsmaßnahmen. Risikokollektive, auf die dieses Kriterium nicht zutrifft, fallen unter die Sachlage der risikoadaptierten Krebsfrüherkennungsuntersuchungen.

Für die in diesem Sinne zu berücksichtigenden Fallgruppen müssen die Allokationskriterien insbesondere folgende Elemente berücksichtigen:

1. Die potenzielle Schadenshöhe gibt an, welche Schäden mit einem bestimmten ‚risk of disease' verbunden sind. Bei Vorliegen einer pathogenen *BRCA1/2*-Mutation wäre dies bspw. eine Brustkrebserkrankung und als Folge davon sogar der Tod.
2. Die Eintrittswahrscheinlichkeit des Schadens wird allgemein auch schlicht als „Risiko" angegeben. Dieser konstruierte Wert aus heterogenen Faktoren zeigt die individuelle Eintrittswahrscheinlichkeit des möglichen Schadens (‚disease') an.
3. In manchen Fallgruppen wird die Manifestation einer ‚disease', für die eine genetische Disposition besteht, bestimmten Altersabschnitten zugeordnet werden können.
4. Durch Früherkennungsmethoden erhöht sich zwar die Chance, bspw. Brustkrebs in einer Frühform zu diagnostizieren, sodass eine gute Therapiemöglichkeit besteht. Jedoch werden damit ggf. die Risiken einer Chemotherapie in Kauf genommen.
5. Prophylaktische Maßnahmen können wie im Fall des hereditären Brustkrebses das Brustkrebsrisiko reduzieren, bergen aber zugleich erhebliche Eingriffsrisiken (siehe Abschn. 2.1.3e). Insofern sind Nutzen und Risiken der Maßnahmen miteinander zu vergleichen.

Betrachtet man diese fünf Elemente als konstitutiv für die zu bildenden Allokationskriterien, so bewegen sich die Kriterien im Rahmen folgender Komplementärsätze:

▶ Je höher der potenzielle Schaden bei Manifestation der Erkrankung und je höher die Wahrscheinlichkeit des Schadenseintritts ist, desto eher sind den Schaden verhindernde invasive prophylaktische Maßnahmen und mit ihnen einhergehende Risiken geboten.

Umgekehrt muss gelten:

▶ Je geringer der potenzielle Schaden sowie die Wahrscheinlichkeit des Schadenseintritts sind, desto eher sind (invasive) prophylaktische Maßnahmen mit hohen Risiken zu verweigern und alternative Therapieformen anzubieten, die ein geringeres Behandlungsrisiko versprechen.

Sozialrechtlich pragmatisch scheint aber die Allokation von prophylaktischen Maßnahmen anhand der neuen Rechtskategorie ‚risikoadaptierte Prävention', wenn auf untergesetzlicher Ebene der Gemeinsame Bundesausschuss anhand der prophylaktischen Maßnahme Fallgruppen erarbeitet, die einen Leistungsanspruch auf eben die konkrete prophylaktische Maßnahme haben (vgl. Abschn. 3.3.3). Dabei können bestimmte Fallgruppen auch mehrere prophylaktische Maßnahmen erhalten. Damit stellt sich die Entwicklung der Fallgruppen im Sinne der ‚risikoadaptierten Prävention', wie in Abb. 5.1 dargestellt, dar.

Ein solches Zuordnungsverfahren stellt einen angemessenen Handlungskorridor dar, weil

1. es jenseits von Einzelfallentscheidungen der Rechtsprechung, durch einen klaren sozialrechtlichen Rahmen Rechtssicherheit für die Betroffenen schafft;
2. es flexibel ist, um die Fallgruppen aufgrund neuer medizinischer Forschungsergebnisse anzupassen;
3. es verfahrensgerecht ist, da für die Risikoprofilierung möglichst viele Faktoren berücksichtigt werden, die das Risiko modulieren;
4. Patientinnen jenseits finanzieller Verhältnisse selbstbestimmt ihre Gesundheit gestalten können;
5. es der Kritik gegenüber der Systemmedizin zuvorkommt, kategorisch aufgrund quantitativer Zahlenwerte Patienten einem Behandlungsspektrum zuzuordnen, da ebenfalls qualitative Komponenten berücksichtigt werden, die im Gespräch zwischen Patienten und Ärzten thematisiert werden können (vgl. Abschn. 3.2).

Dieses Zuordnungsverfahren kann bei gut erforschten Risiko- und Krankheitsbildern durchaus kurzfristig, bei eher schwach erforschten Risiko- und Krankheitsbildern eher langfristig ausgehandelt werden. Konkreter kann die vorliegende *Governance Perspective* nicht sein. Sowohl die Kriterien zur Unterscheidung zwischen interventionsforderndem und nicht-interventionsforderndem Risiko (siehe Kap. 4) als auch die Allokationskriterien innerhalb der zu berücksichtigenden Fallgruppen müssen anhand konkreter Risiko- und Krankheitsbilder durchgespielt werden.

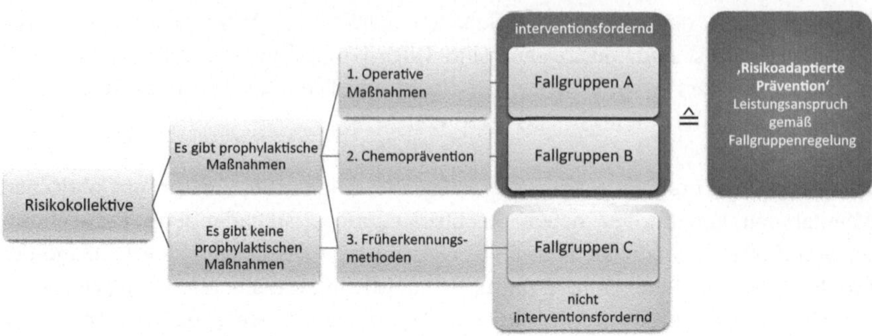

Abb. 5.1 Grafische Veranschaulichung der Konzeption des Leistungsanspruchs für die ‚risikoadaptierte Prävention'

6 Empfehlungen

Im Folgenden sollen aus dem Gesagten konkrete Empfehlungen für die Entscheidungsträgerinnen und Entscheidungsträger entwickelt werden, um den aufgewiesenen Handlungskorridor pointiert zu rahmen. Die Empfehlungen

- gliedern sich auf vier Ebenen, nämlich a) gesetzliche Ebene, b) untergesetzliche Ebene, c) Bildung und Befähigung zu selbstbestimmten Entscheidungen und d) infrastrukturelle Unterstützung;
- unterscheiden zwischen allgemeinen Regelungen (numerisch) und konkreten Regelungen (lateinische Buchstaben), die sich auf den hier erörterten Fall des hereditären Brustkrebses beziehen.

(a) Gesetzliche Ebene

1. Es wird allgemein empfohlen, für Personengruppen, die ein genetisch bedingtes hohes oder moderates ‚risk of disease' haben und deren ‚risk of disease' mit wirksamen prophylaktischen Maßnahmen kontrolliert (z. B. intensivierte Früherkennung) oder gar reduziert werden kann, langfristig einen gesicherten krankenversicherungsrechtlichen Status (‚sickness'-Status) zu schaffen.
2. Es wird langfristig empfohlen, die zu berücksichtigenden Fallgruppen in das Recht der GKV anhand des Begriffs der ‚risikoadaptierten Prävention' aufzunehmen, wobei der Leistungsumfang sowohl diagnostische Verfahren als auch korrespondierende prophylaktische Maßnahmen umfassen sollte.
   i. Das Recht der GKV ist für Risikokollektive bzgl. diagnostischer und prophylaktisch medizinischer Maßnahmen nicht hinreichend eingestellt.
   ii. „Erkrankungsrisiken" können im GKV-System auf unterschiedliche Weise implementiert werden.

F. Meier et al., *Risikoadaptierte Prävention*, essentials,
https://doi.org/10.1007/978-3-658-20801-1_6

α) Der für die GKV, die beamtenrechtliche Beihilfe und die private Krankenversicherung leistungsauslösende Begriff der Krankheit (‚disease') gerät bei Vorliegen eines ‚risk of disease' an die Grenzen seiner Steuerungsfähigkeit, weshalb in Konsequenz auch der Steuerungsbegriff der ‚Krankenbehandlung' nur mit Mühe anwendbar ist, da er die manifeste ‚Krankheit' voraussetzt.

β) Andere rechtliche Kategorien in §§ 20 ff. SGB V (primäre Prävention, Gesundheitsförderung, Vorsorgeleistungen) reichen nicht aus, um Leistungsansprüche von Personen mit hohen oder moderaten Erkrankungsrisiken abzusichern. Letzteres gilt insbesondere im Fall von prophylaktischen operativen Eingriffen, wie im konkreten Fall der prophylaktischen Mastektomie.

iii. Mittels Einzelfallentscheidungen der Rechtsprechung lässt sich unter Zuhilfenahme der Rechtskategorie der Krankenbehandlung die Leistungsverpflichtung der gesetzlichen Krankenkassen in diesen Fällen allenfalls übergangsweise lösen.

γ) Einzelfallentscheidungen mittels einer *ultima ratio*-Logik können keinen einheitlichen und rechtlich gesicherten Zugang zu prophylaktischen Maßnahmen garantieren und implizieren Rechtsunsicherheit bzgl. der Refinanzierung der Kosten für die Diagnostik (z. B. genetische Tests) und weiterer prophylaktischer Maßnahmen (z. B. Früherkennungsmaßnahmen oder therapeutische Interventionen) durch die GKV. Vergleichbare Schwierigkeiten bestehen in der beamtenrechtlichen Beihilfe und der privaten Krankenversicherung.

iv. Mit der ‚risikoadaptierten Prävention' wird der Behandlungsbedarf der Betroffenen als präventionsmedizinisch qualifiziert, was sachlich angemessen ist.

v. Es wird empfohlen, die zu berücksichtigenden Fallgruppen innerhalb der Risikokollektive mittels der Unterscheidung von interventionsfordernden und nicht-interventionsfordernden ‚risks of disease' zu identifizieren.

vi. Gesellschaftlich vermeidet man durch den Begriff der ‚risikoadaptierten Prävention' eine umfassende Pathologisierung, wie es mittels der Zuordnung von Risikokollektiven zur ‚Krankenbehandlung' der Fall wäre.

3. Es wird empfohlen, den hier skizzierten Rechtsbegriff der ‚risikoadaptierten Prävention' langfristig mittels eines parlamentsgesetzlichen Rahmens zu bestimmen und die Regelung von Detailfragen auf untergesetzlicher Ebene dem Gemeinsamen Bundesausschuss zuzuordnen.

i. Die wesentlichen Leistungsvoraussetzungen und Kriterien müssen gesetzlich bestimmt werden. Auf untergesetzlicher Ebene bietet sich insoweit eine Beauftragung des Gemeinsamen Bundesausschusses an. Dabei muss auch unter Berücksichtigung der aktuellen Rechtsprechung des BVerfG [66] der hinreichenden gesetzlichen Anleitung des Gemeinsamen Bundesausschusses durch den parlamentarischen Gesetzgeber Rechnung getragen werden.

ii. Konkret sind im Fall des hereditären Brustkrebses mit der intensivierten Früherkennung (ggf. der Gabe von Tamoxifen) und den operativen Eingriffen der prophylaktischen Mastektomie und der prophylaktischen Oophorektomie wirksame prophylaktische Maßnahmen als Konsequenz einer genetischen Testung gegeben, weshalb empfohlen wird, kurzfristig dieses Risikokollektiv sozialrechtlich in geregelter Weise statt in Einzelfallentscheidungen zu berücksichtigen.

δ) Aus sozialethischer Perspektive ist die sozialrechtliche Berücksichtigung von Personen mit hohen und moderaten (Brustkrebs-) Risiken trotz der budgetären Mehrbelastungen geboten, da damit die Ungleichbehandlung Personen mit hohen und moderaten Brustkrebsrisiken und Faktor-V-Leiden-MutationsträgerInnen aufgehoben wird und die soziale Teilhabe im Sinne der Befähigungsgerechtigkeit garantiert wird.

(b) Untergesetzliche Ebene

4. Es wird empfohlen, eine sozialrechtliche Berücksichtigung von Personen mit interventionsforderndem (Brustkrebs-)Risiko anhand folgender Kriterien durchzuführen:

i. risikosensibel-verhältnismäßig (d. h. die prophylaktische Maßnahme muss verhältnismäßig zum Risiko sein)

ii. risikosensibel-lebensorientiert (d. h. die Risikoeinschätzung muss neben genetischen, auch psychische und Life-Style Faktoren umfassen)

iii. qualitativ-narrativ (d. h. die Perspektive der Personen mit hohem genetischen Risiko muss angemessen zu Wort kommen)

ε) Das risikosensible-lebensorientierte sowie das qualitativ-narrative Kriterium garantieren, dass das Risiko nicht allein aufgrund quantitativer Parameter ermittelt wird, sondern auch qualitative Faktoren umfasst.

iv. pragmatisch (d. h. sozialrechtlich eindeutig abbildbar)

v. finanziell-verhältnismäßig (d. h. es muss die Verhältnismäßigkeit von medizinischem Nutzen der zugeteilten prophylaktischen Maßnahme und dem finanziellen Aufwand gewahrt bleiben).

5. Es wird empfohlen, dass der Gemeinsame Bundesausschuss für Personen mit einem interventionsforderndem ‚risk of disease', Fallgruppen innerhalb des interventionsfordernden Risikos bildet (siehe Abb. 5.1). Diesen wiederum kann der Gemeinsame Bundesausschuss bestimmte prophylaktische Maßnahmen mit einem positiven Nutzen-Schaden-Potenzial zuordnen. Eine Klassifizierung des ‚risk of disease' als interventionsfordernd erfolgt unter Anwendung vor allem der folgenden Kriterien: Art des Erkrankungsrisikos (z. B. schwere Krankheit, Tod) und Höhe des Erkrankungsrisikos. Diese Kriterien werden in einer Gesamtschau betrachtet, die zur Klassifizierung als (nicht)-interventionsforderndes ‚risk of disease' führt.
   i. Als Kriterium zur Bildung von Leistungsansprüchen für bestimmte Fallgruppen innerhalb von Risikokollektiven sollte die Verfügbarkeit von Interventionsmaßnahmen dienen.
   ii. Mit einem solchen Zuordnungsverfahren auf untergesetzlicher Ebene wäre Rechtssicherheit gegeben, könnte flexibel auf medizinische Entwicklungen reagiert werden, die Multifaktorialität des Risikos sowie der Paradigmenwechsel innerhalb der Medizin wären ernst genommen und Patienten könnten jenseits von finanziellen Verhältnissen ihre Gesundheit gestalten.

(c) Befähigung zu selbstbestimmten Entscheidungen

6. Wir empfehlen aufgrund der engen Verbindung von wissenschaftlicher Forschung und klinischer Praxis eine zentrumsorientierte Versorgung, da dies eine bestmögliche Betreuung garantiert.
   i. Die Versorgung von Personen, die einen Verdacht auf eine pathogene Mutation mit hohem oder moderatem ‚risk of disease' haben, fordert eine Risikoprofilierung mit umfassender Familienanamnese sowie ein Gespräch über die Sorgen und Ängste der Betroffenen, um die ‚health literacy' zu stärken.
   ii. Im konkreten Beispiel des hereditären Brustkrebses zeigt die Versorgung von Betroffenen an den Zentren des Deutschen Konsortiums Familiärer Brust- und Eierstockkrebs, dass eine zentrumsorientierte Versorgung aufgrund der Verbindung von wissenschaftlicher Forschung und klinischer Praxis die bestmögliche ‚risk literacy' aufseiten der Ärzte garantiert.

(d) Infrastruktur

7. Dem Gemeinsame Bundesausschuss wird aufgrund der Empfehlungen 1–6 nahegelegt, die notwendige Infrastruktur bereitzustellen:

i. zur Erfassung der Risikokollektive, die aufgrund verfügbarer prophylaktischer Maßnahmen einen Leistungsanspruch gemäß der ‚risikoadaptierten Prävention' erhalten sollen und
ii. zur Bildung von Fallgruppen, denen jeweils eine oder mehrere prophylaktische Maßnahmen zugeordnet werden.

Was Sie aus diesem *essential* mitnehmen können

- Aus sozialethischer und sozialrechtlicher Perspektive sind vor dem Hintergrund der Präzisionsmedizin Personen mit hohen und moderaten (Brustkrebs-) Risiken sozialrechtliche Leistungsansprüche für prophylaktische Maßnahmen zu gewähren.
- Mithilfe der neuen Rechtskategorie ‚risikoadaptierte Prävention' können die Leistungsansprüche von genetischen Risikokollektiven abgebildet werden.
- Die komplexe Zuordnung von genetischen Risiken und prophylaktischen Maßnahmen kann adäquat nur auf untergesetzlicher Ebene mithilfe der Bildung von Fallgruppen geregelt werden.

F. Meier et al., *Risikoadaptierte Prävention,* essentials,
https://doi.org/10.1007/978-3-658-20801-1

Literatur

1. BSGE 35, 10–15
2. Dabrock P (2016) Soziale Folgen der Biomarker-basierten und Big-Data-getriebenen Medizin. In: Hurrelmann K, Richter M (Hrsg) Soziologie von Gesundheit und Krankheit. Springer, Berlin, S 287–300
3. Hood L (2013) Systems biology and P4 medicine: Past, present and future. Rambam Maimonides Med J. https://doi.org/10.5041/RMMJ.10112
4. Krebs in Deutschland (2011/2012) Eine gemeinsame Veröffentlichung des Robert Koch-Instituts und der Gesellschaft der epidemiologischen Krebsregister in Deutschland e. V. 10. Ausgabe, 2015. Robert Koch-Institut (Hrsg) http://www.krebsdaten.de/Krebs/DE/Content/Publikationen/Krebs_in_Deutschland/kid_2015/krebs_in_deutschland_2015.pdf;jsessionid=AAFA4585AE4BD2B35F2F-C3351EE49072.1_cid381?__blob=publicationFile. Zugegriffen: 4. Dez. 2017
5. Evans DG, Barwell J, Eccles DM et al (2014) The Angelina Jolie effect: how high celebrity profile can have a major impact on provision of cancer related services. Breast Cancer Res. https://doi.org/10.1186/s13058-014-0442-6
6. Kast K, Rhiem K, Wappenschmidt B et al (2016) Prevalence of BRCA1/2 germline mutations in 21 401 families with breast and ovarian cancer. J Med Genet. https://doi.org/10.1136/jmedgenet-2015-103672
7. Meindl A, Hellebrand H, Wiek C et al (2010) Germline mutations in breast and overian cancer pedigress establish RAD51C as a human cancer susceptibility gene. Nat Genet. https://doi.org/10.1038/ng.569
8. Hemminki K, Müller-Myshok B, Lichtner P et al (2010) Low-risk variants FGFR2, TNRC9 and LSP1 in german familial breast cancer patients. Int J Cancer. https://doi.org/10.1002/ijc.24986
9. Antoniou AC, Spurdle AB, Sinilnikova OM et al (2008) Common breast cancer-predisposition alleles are associated with breast cancer risk in BRCA1 and BRCA2 mutation carriers. Am J Hum Genet. https://doi.org/10.1016/j.ajhg.2008.02.008
10. Easton DF, Pooley KA, Dunning AM, et al (2007) Genomewide association study identifies novel breast cancer susceptibility loci. Nature. https://www.ncbi.nlm.nih.gov/pmc/articles/PMC2714974/. Zugegriffen: 4. Dez. 2017

F. Meier et al., *Risikoadaptierte Prävention,* essentials,
https://doi.org/10.1007/978-3-658-20801-1

11. Kuchenbaecker KB, Hopper JL, Barnes et al (2017) Genomewide association study identifies novel breast cancer susceptibility loci. Nature. Risks of Breast, Ovarian, and Contrallateral Breast Cancer for BRCA1 and BRCA2 Mutation Carriers. Jama. https://doi.org/10.1001/jama.2017.7112
12. Nationaler Krebsplan. Handlungsfelder, Ziele und Umsetzungsempfehlungen, Broschüre des Bundesgesundheitsministeriums, Stand 2012. https://www.bundesgesundheitsministerium.de/fileadmin/Dateien/5_Publikationen/Praevention/Broschueren/Broschuere_Nationaler_Krebsplan_-_Handlungsfelder__Ziele_und_Umsetzungsempfehlungen.pdf. Zugegriffen: 4. Dez. 2017
13. Jones ME, Schoemaker MJ, Wright LB et al (2017) Smoking and risk of breast cancer in the generations study cohort. Breast Cancer Res. https://doi.org/10.1186/s13058-017-0908-4
14. Engel C, Rhiem K, Hahnen E, et al (2018). Prevalence of pathogenic BRCA1/2 germline mutations among 802 women with unilateral triple-negative breast cancer without familial cancer history. accepted BMC Cancer
15. Harter P, Hauke J, Heitz F et al (2017) Prevalence of deleterious germline variants in risk genes including BRCA1/2 in consecutive ovarian cancer patients (AGO-TR-1). PLoS One. https://doi.org/10.1371/journal.pone.0186043
16. Meindl A, Ditsch N, Kast K et al (2011) Hereditary breast and ovarian cancer: new genes, new treatments, new concepts. Dtsch Ärztebl. https://doi.org/10.3238/arztebl.2011.0323
17. Interdisziplinäre S3-Leitlinie für die Diagnostik, Therapie und Nachsorge des Mammakarzinoms. Langversion 3.0, Aktualisierung 2012. AWMF-Registernummer: 032 – 045OL. http://www.awmf.org/uploads/tx_szleitlinien/032-045OL_k_S3__Brustkrebs_Mammakarzinom_Diagnostik_Therapie_Nachsorge_2012-07-abgelaufen.pdf. Zugegriffen: 4. Dez. 2017
18. Wassermann K, Dick J, Schmutzler RK, et al (2017) Impact of distress and personality factors on preference for preventive strategies in BRCA1/2 mutation carriers: Results of a prospective cohort study. Germany acknowledgment of research support: grant no. IIA5-2512 FSB 002 (German Federal Ministry of Health). Submitted to Cancer
19. Auf der Grundlage von Verträgen nach § 140a SGB V
20. Lostumbo L, Carbine NE, Wallace J (2010) Prophylactic mastectomy for the prevention of breast cancer. Cochrane Database. Syst Rev. https://doi.org/10.1002/14651858
21. Frost MH, Schaid DJ, Sellers TA, et al (2000) Long-term satisfaction and psychological and social function following bilateral prophylactic mastectomy. JAMA. https://jamanetwork.com/journals/jama/fullarticle/192898. Zugegriffen: 4. Dez. 2017
22. Lodder L, Frets PG, Trijsburg RW, et al (2001) Psychological impact of receiving a BRCA1/BRCA2 test result. Am J Med Genet. http://onlinelibrary.wiley.com/doi/10.1002/1096-8628(20010101)98:1%3C15::AID-AJMG1014%3E3.0.CO;2-0/pdf. Zugegriffen: 4. Dez. 2017
23. Gahm J, Wickman M, Brandberg Y (2010) Bilateral prophylactic mastectomy in women with inherited risk of breast cancer–prevalence of pain and discomfort, impact on sexuality, quality of life and feelings of regret two years after surgery. Breast. https://doi.org/10.1016/j.breast.2010.05.003

24. Zion SM, Slezak JM, Sellers TA et al (2003) Reoperations after prophylactic mastectomy with or without implant reconstruction. Cancer. https://doi.org/10.1002/cncr.11757
25. Domchek SM, Friebel TM, Singer CF et al (2010) Association of risk-reducing surgery in BRCA1 or BRCA2 mutation carriers with cancer risk and morality. JAMA. https://doi.org/10.1001/jama.2010.1237
26. Cuzick J, Sestak I, Cawthorn S et al (2015) Tamoxifen for prevention of breast cancer: extended long-term follow-up of the IBIS-I breast cancer prevention trial. Lancet Oncol. https://doi.org/10.1016/S1470-2045(14)71171-4
27. King MC, Wieand S, Hale K, et al (2001) Tamoxifen and breast cancer incidence among women with inherited mutations in BRCA1 and BRCA2: national surgical adjuvant breast and bowel project (NSABP-P1) breast cancer prevention trial. JAMA 286(18):2251–6. https://jamanetwork.com/journals/jama/fullarticle/1108388
28. FDA, https://www.accessdata.fda.gov/drugsatfda_docs/appletter/1998/17970s39.pdf. Zugegriffen am 4. Dez. 2017
29. Bevers TB, Armstrong DK, Arun B, et al (2010) Breast cancer risk reduction. J Natl Comp Canc Netw 8:1112–1146. http://www.jnccn.org/content/8/10/1112.long. Zugegriffen: 4. Dez. 2017
30. Wise J (2013) NICE recommends preventive drugs for breast cancer. BMJ. https://doi.org/10.1136/bmj.f4116
31. Smith SG, Sestak I, Forster A et al (2016) Factors affecting uptake and adherence to breast cancer chemoprevention: a systematic review and meta-analysis. Ann Oncol. https://doi.org/10.1093/annonc/mdv590
32. Nolan E, Vaillant F, Branstetter D et al (2016) RANK ligand as a potential target for breast cancer prevention in BRCA1-mutation carriers. Nat Med. https://doi.org/10.1038/nm.4118
33. Ständige Rspr.: BVerwG, Urt. v. 28.9.2017, Az.: 5 C 10.16 (juris Rn 8) – angesprochener Rechtsstreit; BVerwG, Urt. v. 10.10.2013, NVwZ-RR 2014, 240, 241; BVerwG, Urt. v. 4.11.2008, Az.: 2 B 19/08 (juris Rn 4, 7); BVerwGE 65, 87, 91
34. VG Darmstadt, Urt. v. 13.5.2015, Az.: 1 K 491/13.DA, MedR 2016, 365–367
35. HessVGH, Urt. v. 10.3.2016, Az.: 1 A 1261/15
36. VG Darmstadt, Urt. v. 13.5.2015, Az.: 1 K 491/13.DA, MedR 2016, 365, 366
37. BVerwG, Urt. v. 28.9.2017, Az.: 5 C 10.16
38. HessVGH, Urt. v. 10.3.2016, Az.: 1 A 1261/15 (juris Rn 19)
39. BVerwG, Urt. v. 28.9.2017, Az.: 5 C 10.16 (juris Rn 8 ff., 17)
40. BVerwG, Urt. v. 28.9.2017, Az.: 5 C 10.16 (juris Rn 6, 9, 15)
41. BVerwG, Urt. v. 28.9.2017, Az.: 5 C 10.16 (juris Rn 19)
42. BVerwG, Urt. v. 28.9.2017, Az.: 5 C 10.16 (juris Rn 14)
43. BVerwG, Urt. v. 28.9.2017, Az.: 5 C 10.16 (juris Rn 15)
44. Huster S, Harney A (2016) Anmerkung zu VG Darmstadt, Urt. v. 14.5.2015, Az.: 4 1 K 491/13. DA, MedR 2016, 367, 369
45. Anderson K, Jacobson JS, Heitjan DF, et al (2006) Cost-effectiveness of preventive strategies for women with a BRCA1 or a BRCA2 mutation. Ann Intern Med. http://annals.org/aim/article-abstract/721215/cost-effectiveness-preventive-strategies-women-brca1-brca2-mutation?volume=144&issue=6&page=397. Zugegriffen: 4. Dez. 2017

46. Balmana J, Sanz J, Bonfill X, et al (2004) Genetic counseling program in familial breast cancer: analysis of its effectiveness, cost and cost-effectiveness ratio. Int J Cancer. http://onlinelibrary.wiley.com/doi/10.1002/ijc.20458/full. Zugegriffen: 4. Dez. 2017
47. Cott Chubiz JE, Lee JM, Gilmore ME et al (2013) Cost-effectiveness of alternating magnetic resonance imaging and digital mammography screening in BRCA1 and BRCA2 gene mutation carriers. Cancer. https://doi.org/10.1002/cncr.27864
48. de Bock GH, Vermeulen KM, Jansen L et al (2013) Which screening strategy should be offered to women with BRCA1 or BRCA2 mutations? A simulation of comparative cost-effectiveness. Br J Cancer. https://doi.org/10.1038/bjc.2013.149
49. Grann VR, Patel PR, Jacobson JS et al (2011) Comparative effectiveness of screening and prevention strategies among BRCA1/2-affected mutation carriers. Breast Cancer Res. https://doi.org/10.1007/s10549-010-1043-4
50. Griffith GL, Edwards RT, Gray J (2004) Cancer genetics services: a systematic review of the economic evidence and issues. Br J Cancer. https://doi.org/10.1038/sj.bjc.6601792
51. Kwon JS, Tinker A, Pansegrau G, et al (2013) Prophylactic salpingectomy and delayed oophorectomy as an alternative for BRCA mutation carriers. Obstet Gynecol. http://doi.org/10.1097/AOG.0b013e3182783c2f
52. National Collaborating Centre for Cancer (2013) Cost-effectiveness evidence review. Familial breast cancer: Classification and care of women at risk of familial breast cancer and management of breast cancer and related risks in people with a family history of breast cancer. Update of clinical guideline 14 and 41. Health economics evidence reviews & full reports 2004, 2006 & 2013; Developed for NICE – National Institute for Clinical Excellence. Health economics plan. https://www.nice.org.uk/guidance/cg164/evidence/cost-effectiveness-evidence-review-190130944. Zugegriffen: 11. Nov. 2016
53. Schrauder MG, Brunel-Geuder L, Häberle L et al (2017) Cost-effectiveness of risk-reducing surgeries in preventing hereditary breast and ovarian cancer. Breast. https://doi.org/10.1016/j.breast.2017.02.008
54. Dabrock P (2012) Befähigungsgerechtigkeit. Ein Grundkonzept konkreter Ethik in fundamentaltheologischer Perspektive. Gütersloher Verlagshaus, Gütersloh
55. Schnell M (2017) Ethik im Zeichen vulnerabler Personen. Leiblichkeit – Endlichkeit – Nichtexklusivität. Velbrück Wissenschaft, Weilerswist
56. Hruschka J (2014). Themenschwerpunkt: Grund und Grenzen der Solidarität in Recht und Ethik. In: Jahrbuch für Recht und Ethik 22. Duncker & Humblot, Berlin
57. Kapitel 1. Abschnitt § 10 Abs. 2 Nr. 1 Verfahrensordnung G-BA
58. Kapitel Abschnitt 1 § 13 Abs. 2 S. 1 und S. 2 Verfahrensordnung G-BA
59. Kreienberg R, Albert US, Follmann M, et al (2013) Interdisciplinary GoR Level III Guidelines for the Diagnosis, Therapy and Follow-up Care of Breast Cancer. Short version – AWMF Registry No.: 032-045OL AWMF-Register-Nummer: 032-045OL – Kurzversion 3.0, Geburtshilfe Frauenheilkd. doi:10.1055/s-0032-1328689
60. Boorse C (2012) Gesundheit als theoretischer Begriff. In: Schramme T (Hrsg) Krankheitstheorien. Suhrkamp, Berlin, S. 63–110
61. Contino G (2016) The medicalization of health and shared responsibility. New Bioeth. https://doi.org/10.1080/20502877.2016.1151253

62. Meier F, Ried J, Braun M et al (2017) ‚Healthy sick' oder: Wie genetisches Risiko den Krankheitsbegriff des GKV-Systems aushebelt. Gesundheitswesen. https://doi.org/10.1055/s-0043-10986
63. ZEKO Priorisierung medizinischer Leistungen im System der Gesetzlichen Krankenversicherung (GKV) Langfassung 2007. http://www.zentrale-ethikkommission.de/downloads/langfassungpriorisierung.pdf. Zugegriffen: 4. Dez. 2017
64. Hauck E (2016) Erkrankungsrisiko als Krankheit im Sinne der gesetzlichen Krankenversicherung? NJW 37:2695–2700
65. BSG, SozR 4–2500 § 27 Nr. 28 = BeckRS 2016, 68346 Rn. 17 f
66. Beschluss vom 10. November 2015, 1 BvR 2056/12